2012年拉丁美洲经济展望
——面向发展的国家转型

经济合作与发展组织发展中心
联合国拉美经委会 /主编

当代世界出版社

本报告原文由经合组织以英语、法语和西班牙语发表,标题如下:
Latin American Economic Outlook 2012: Transforming the State for Development
Perspectives économiques de l'Amérique latine 2012: Transformation de l'état et développement
Perspectivas Económicas de América Latina 2012: Transformación del Estado para el Desarrollo
© OECD/UN - ECLAC 2012
© 2012 年中国社会科学研究院拉丁美洲研究所(ILAS, CASS)负责本报告中文版翻译
并根据与位于巴黎的经合组织签订的协议出版。
中文翻译版本质量与原文一致性由中国社会科学院拉丁美洲研究所负责

图书在版编目(CIP)数据

2012 年拉丁美洲经济展望:面向发展的国家转型/经济合作与发展组织发展中心 联合国拉美经委会主编. —北京:当代世界出版社,2012.5
ISBN 978 - 7 - 5090 - 0482 - 1

Ⅰ.①2… Ⅱ.①经… Ⅲ.①经济展望—拉丁美洲—2012 Ⅳ.①F173.04
中国版本图书馆 CIP 数据核字(2012)第 073551 号

图字: 01 - 2012 - 2535 号

书　名	**2012 年拉丁美洲经济展望——面向发展的国家转型** 2012nian Ladingmeizhou Jingji Zhanwang—Mianxiang fazhan de guojia zhuan xing
作　者	经济合作与发展组织发展中心　联合国拉美经委会　主编
出版发行	当代世界出版社
地　址	北京市复兴路 4 号(100860)
网　址	http://www.worldpress.org.cn
编务电话	(010) 83907528
发行电话	(010) 83908410(传真) (010) 83908408 (010) 83908409 (010) 83908423(邮购)
经　销	新华书店
印　刷	北京九天众诚印刷有限公司
开　本	787×1092 毫米　1/16
印　张	13
字　数	193 千字
版　次	2012 年 5 月第 1 版
印　次	2012 年 5 月第 1 次
书　号	ISBN 978 - 7 - 5090 - 0482 - 1
定　价	25.00 元

如发现印装质量问题,请与承印厂联系调换。
版权所有,翻印必究;未经许可,不得转载。

目 录

序言 ………………………………………………… 1
致谢 ………………………………………………… 1
缩写和简写 ………………………………………… 1
概览 ………………………………………………… 1
第一章 宏观经济概览 …………………………… 17
第二章 面向发展的公共管理 …………………… 38
第三章 财政政策改革 …………………………… 67
第四章 教育体系改革 …………………………… 94
第五章 国家与公共基础设施政策改革 ………… 128
第六章 完善创新与生产发展机制 ……………… 161
译者后记 ………………………………………… 194

本报告在秘书长领导下出版。报告所表达的观点和使用论据不一定反映OECD、OECD发展中心及其各成员国政府和联合国拉美经委会的意见。

本报告及其包含的任何一张地图，无论是对任何领土现状或主权、疆界和国际边界划分，还是对任何领土、城市或地区的名称而言，都不存在任何偏见。

请按下述方式引用本出版物：
OECD/UN‐ECLAC (2012)，2012年拉丁美洲经济展望——面向发展的国家转型，OECD出版
http://dx.doi.org/10.1787/LEO‐2012‐es

序 言

拉美及加勒比地区所处的国际背景和历史时刻，以及目前的一些挑战，为拉美国家提供了应该利用的机遇以设计其长期发展战略。除民主制度逐渐巩固和加强之外，尤其是，由于近些年良好的宏观经济管理，拉美大部分国家已经经受住了经济危机和金融危机的影响。

为了充分利用这些优势，以及应对仍然面临的诸多挑战，特别是为了改善生活质量、减少贫困和不平等，国家能够而且应该发挥重要作用：创造高质量的就业机会；巩固健全、透明和公平的财政制度；对居民进行教育和培训；增加基础设施投资的效益，以及支持创新和生产力的发展。

本报告由经合组织发展中心和联合国拉美经委会共同完成，旨在分析拉美国家在经济增长和国家发展中发挥的重要作用。拉美及加勒比国家的改革应该包括哪些主要内容？拉美及非拉美国家的改革经验可以提供哪些教训？

本报告的主旨是，要想让社会更加公平和更具包容性，近些年的社会政策远远不够。此外，国家应该提高货币和财政政策的质量和有效性，以及积极促进教育、投资基础设施和创新以及生产力的发展。

《2012年拉丁美洲经济展望》旨在解决上述问题，为拉美及非拉美地区的公共行动寻求最佳方案。我们希望，这将有助于参加第21届伊比利亚美洲首脑峰会的国家元首和政府首脑们增强国家促进经济发展的能力，从而创造更多的机遇并改善公民的生活质量。

阿里西亚·巴塞纳 　　　　　　　　安赫尔·古里亚
联合国拉美经委会执行秘书　　　　经济合作与发展组织秘书长

致 谢

本报告由联合国拉美经委会（ECLAC）和经济合作与发展组织（OECD）共同完成。

经合组织发展中心的以下人员参加了本报告的撰写和修改，他们是：罗兰·阿文达尼奥、阿尔贝托·A·帕切科、纳列利·卡罗、芭芭拉·卡斯特耶蒂、克里斯琴·道德、杰夫·戴顿—约翰逊、安娜·冈萨雷斯、哈姆雷特·古铁雷斯、安娜·詹科伍斯卡、安赫尔·梅尔吉索、塞巴斯蒂安·聂托、巴拉、何塞·拉蒙·佩雷亚、安纳·皮耶蒂卡伊纳、安纳利萨·普里米和安纳利萨·普里松。美洲开发银行的胡戈·尼奥波和阿道尔夫·伊万涅斯大学教授埃杜阿尔多·比特安分别负责教育和基础设施章节的撰写。托库托·底德拉大学教授埃杜阿尔多·列维·耶塔蒂负责宏观经济展望章节中关于资本管制的专栏。

本报告写作小组由杰夫·戴顿—约翰逊和克里斯琴·道德领导。感谢发展中心主任马里奥·佩兹尼和副主任卡洛斯·阿尔瓦雷斯的贡献和指导。发展中心特别感谢公共治理和领土开发司副主任马里奥·马塞尔在公共管理章节的贡献。

同时，我们也衷心感谢经合组织其他部门的同事们，他们对报告的不同版本做出了评论，尤其是财政政策和管理中心、教育司、就业、劳动和社会事务司、经济部、统计司、公共治理和领土开发司，以及秘书长办公室的同事。我们也感谢发展中心出版部、经合组织公共事务和联络司，以及本报告的译者和校对者们，他们为本报告的面世做出了贡献。

经合组织发展中心同样特别感谢西班牙经济和财政部、西班牙外交部、智利经济部、智利外交部、瑞士发展和合作处、智利全国电力股份公司、西班牙对外银行保险和养老金部，感谢他们对《拉丁美洲经济展望》一贯的经济上的支持。最后，我们对拉美及加勒比地区发展中心的成员国表示感谢，它们是：阿根廷、巴西、智利、哥伦比亚、哥斯达黎加、墨西哥、多米尼加共和国以及秘鲁。

拉美经委会以下人员参加了本报告的撰写和修改，他们是：埃利萨·卡尔萨、玛丽亚·维多利亚·埃斯帕达、胡安·巴布洛·希门尼斯、安德烈·拉普拉纳、伊莎贝尔·洛佩兹、里卡多·玛特纳、威尔逊·佩雷斯、费尔南多·罗哈斯和塞巴斯蒂安·罗维拉。

在拉美经委会产业发展和企业部主任马里奥·西莫利领导下，该部的经济事务官员塞巴斯蒂安·罗维拉负责协调拉美经委会工作小组。同时，我们感谢来自其他部门官员的合作、贡献和建议，他们是社会发展部（丹尼埃拉·特鲁卡）、天然资源和基础设施部（加布里埃尔·佩雷斯、丹尼尔·佩罗蒂、里卡多·J·桑切斯和戈登·韦尔姆斯默）。

最后，我们要特别感谢拉美经委会文件和出版物部，他们对《2012年拉丁美洲经济展望》各个章节的编辑和整理付出了宝贵的劳动。

缩写和简写

BNDESB	巴西国家经济和社会发展银行
CIAT	美洲税务管理中心
COMTRADE	联合国货物贸易统计数据库
EAP	经济活动人口
ECLAC	拉美经委会
FDI	外国直接投资
IDB	美洲开发银行
IMF	国际货币基金组织
IT	信息技术
ILPES	拉美及加勒比经济和社会计划研究所
GDP	国内生产总值
NPM	新公共管理
OECD	经济合作与发展组织
PISA	国际学生评估项目
R + D	研究与开发
RICYT	伊比利亚美洲和美洲科学和技术指标网络
SEBIG	伊比利亚美洲秘书处
UNESCO	联合国教科文组织
VAT	增值税

概　览

　　2003年以来拉美经济的稳定增长使得拉美国家有可能考虑雄心勃勃的公共政策议程，以减轻风险并抓住当前发展机遇。尽管南美洲和中美洲、墨西哥、加勒比地区在经济动力方面存在很大差异，但持续的共同的外部需求（尤其是像中国这样的新兴经济体），和强劲的国内需求相结合，使得拉美在2003年至2008年期间年增长率平均达到5%左右。[1] 这种良好表现同样归因于宏观经济的适度管理，因为在很多情况下没有损害财政支付能力，创造了财政空间应对全球金融危机的影响（图0.1）。2000年—2007年，拉美国家平均减少的公共债务相当于国内生产总值的15个百分点，将占国内生产总值2.4%的财政赤字转为0.4%的盈余。宏观经济的管理和出口初级产品价格的上涨加强了宏观经济的稳定，并且提供了资金，从而使政府可以实施减少贫困并方便获得基础服务，以及有可能弱化危机影响的政策，从而比经合组织成员国能更快地恢复经济。虽然预计发达经济体的增长继续放缓，但是据估计2011年拉美经济增长率为4.4%，2012年将在4%左右。[2] 在这样的背景下，已经给出了拉美国家设计和制定公共政策的条件，以便利用长期发展的机遇，降低中短期风险。

　　拉美应该加强宏观经济的应变能力，以应对全球经济不确定性和国际资本市场波动所造成的风险。国际经济仍然是拉美和加勒比不确定性的主要根源。由于拉美与发达国家之间利率的巨大差异所造成的资本强劲流入，以及通胀和汇率的压力，都是需要特别关注的因素，它们也是2011年上半年争论的主要内容。欧元区的财政问题将导致国际金融体系产生严重问题，包括新兴市场，以及资本流向的逆转可能导致汇率大幅波动，对实体经济造成破坏性影响。2000—2009年拉美与中国的贸易增加了两倍，这是拉美经济迅速恢复的因素之一。不过，这同样意味着对中国经济增长潜力放缓具有更大的敏感性，这种敏感性既来源于对拉美产品需求的减少，又来源于初级原材料价格的影响。这两种现象将对拉美大部分国家的财政账户产生强烈冲击。由于受财政和货币的明显刺激,拉美几个处于经济周期扩张阶段的国家,此时的反周期政策有助于增强应变能力和减轻周期性逆转的风险。像稳定基金和可信赖的财政规则之类的工具(具有足够的灵活性适应特殊的经济环境),可以作为重建财政空间的有效手段。

图0.1 拉美经济体赢得应对金融危机、减少贫困的财政空间,但面对新的冲击仍存在脆弱性。

(危机前后的财政空间。财政余额和公共债务的变化)

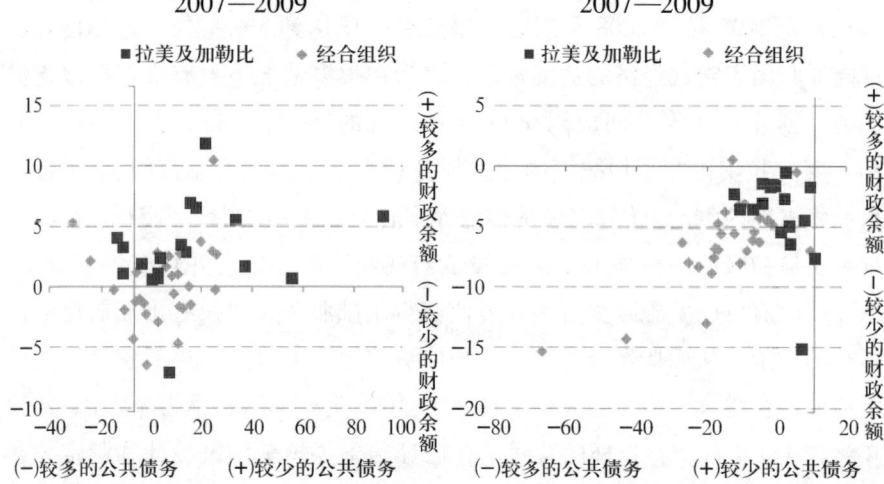

注:每个方块代表一个国家。该小组包括经合组织成员国和19个拉美及加勒比国家。

资料来源:ECLACSTAT,拉美及加勒比和经合组织(2011a)和其他国家的国家财政统计资料。

统计链接:http://dx.doi.org/10.1787/888932510105

宏观经济政策也必须与当前经济和人口变化的长期需求相一致。虽然主要的短期目标应该是重建因政府应对危机而缩小的财政空间,但是各国还必须解决宏观经济和结构性的制约与问题,因为它们制约了拉美实现发展目标的可能性。因此,虽然原则上外国投资的大量流入有利于拉美经济，但是也带来多重挑战：汇率的较大波动、"荷兰病"（当本国货币升值破坏了不同于商品的资本品出口的国际竞争力时）以及信贷有可能不可持续地扩张。各国政府应该利用掌握的工具，抵制过度的波动以及非经济要素造成的汇率升值的压力和通胀。在特殊环境下，资本管制可以作为一整套遏制汇率压力的有效措施之一；对资本流动进行管制或者出台短期金融交易税可以作为实现上述目标的有效工具，尤其是在如果审慎的金融监管不足以保证金融稳定的情况下。这些措施不仅可以减少经济周期的波动，而且还可以消除经济多样化的障碍，并且为方便投资新技术和公共财政的稳定提供一定的可预测性，因为这些要素可以让长期政策实施得更快更好。所有这些情况都处于人口增长和其他的结构性变化之下（包括新兴中产阶级的愿望）这意味着各国将需要更多的财政操作空间以提供所需要的服务。

在提供公共服务方面，拉美各国应该抓住机遇消除发展的制约因素并实现量和质的飞跃。虽然经济高峰时期拉美在减少贫困方面取得进展（贫困人口从2002年的44%下降到2008年的33%），而且在一定程度上减少了不平等。但是，需要消除的差距和面临的挑战仍然明显存在。首先，拉美应该更加努力减少社会不平等现象。每三个拉美人中就有一个人生活在贫困线以下（18000万人口），而且有10个拉美经济体仍然处于15个世界最不平等的国家之列。有条件转移政策在减少贫困方面已经取得了进步，不过缺乏更广泛的社会保障网络仍然是拉美大多数公民面临的主要问题。另一个重要方面是，当存在加强以自然资源为基础的部门赢利性和扩张的迹象时，例如汇率，不太容易设计机制和刺激机制来创造以知识和创新为基础的经济，这可以提高生产力水平及产业结构多样化。总之，拉美各国现在应该创造可持续性发展的基础，即使扭转了一些有利的外部条件。从这个意义上说，在自然资源密集型经济下，各国政府应该考虑利用增加的部分收入，通过投资教育、基础设施和创新，来推动其他部门经济的多样化和竞争力。如果现在不采取行动，其出口将仍然集中于低附加值的初级产品和妨碍新企业进入的寡头市场，并且不利于收入再分配和社会包容性。在这样的背景下，越来越多的家庭，即使是那些不太贫困或者没有困难的家庭（例如，新兴的中产阶级），[3] 将容易受到不利的冲击，如疾病和自然灾害。这些发展方面的后果，将可能反过来加剧社会冲突并削弱体制。因此，要高度关注面向发展的国家转型的政策讨论。

为了构建能够满足发展需求的国家，有必要开展旨在倾向于缩小需求和可利用资源之间鸿沟的财政改革。最近20年，甚至在最近的危机中，拉美公共财政的稳健性十分突出。公共债务水平已经从20世纪90年代初负债占国内生产总值的80%下降到今天的30%左右，部分原因是财政收入的增加。反过来，从增长、贫困的减少和收入再分配的角度看，公共支出已经更加有效；像公共投资和社会支出也增加了。此外，降低了预算刚性，财政空间得到扩大。不过，要满足公民的期望，大多数拉美国家拥有的人均资源比发达国家的要少，甚至比许多新兴国家的也要少。这是拉美国家在满足社会需求方面面对的真正的制约因素。

拉美的税收收入不仅少，而且税基也小，倾向于非累进税。除了南锥体几个国家之外，像阿根廷、巴西和乌拉圭，它们的税收占国内生产总值的30%左右（与经合组织成员国的平均值类似），整体上拉美的税收负担少（图0.2）。反过来，可以看到，对个人所得征收的税收水平较低。相比其他国家而言，更多的是扣除税收和免税，而且税收结构集中于间接税。由于税务管理很不正规，而且能力有限，大量逃税导致低水平税收。因此，应该加强税务管理能力和扩大所得税税基，以及采用其他的税收方式，共同提高公共服务质量和公民财政教育的主动性，最终提高财政道德。拉美及加勒比较低的财政收入妨碍国家在教育、基础设施和诸如包括健康及社会保障等发展领域进行足够的支出，而这些部门对提高生产力、竞争力和社会包容至关重要。

税基也受到税收支出扩大的制约：扣税和免税。各国政府应该考虑取消各种类似的税收支出，尤其是最明显的累退和扭曲的税收支出。各国应该提供更多的信息，更加透明，并对已完成的税收支出所产生的效果进行研究。特别是，对现有的税收支出效益进行技术评估。以此为基础，各国政府应该考虑按照社会目标及再分配转移目标和更加透明的消费政策，改变税收支出。在评估各种工具的有效性（税收支出相对直接补贴）的同时，相比于支出执行机构的管理能力，也应该考虑税收管理的相对能力。

图0.2 拉美税收收入低（2008年公共税收收入占国内生产总值的百分比）

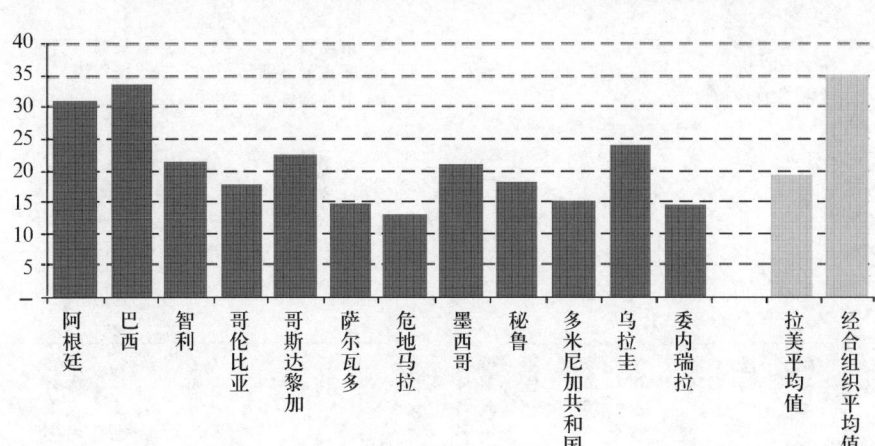

注：a）统计资料指阿根廷、哥伦比亚、哥斯达黎加、萨尔瓦多、墨西哥和委内瑞拉（玻利瓦尔共和国）非金融公共部门；巴西、智利和秘鲁各级政府；以及危地马拉、多米尼加共和国和乌拉圭中央政府；b）墨西哥的税收收入包括来自石油生产某些项目的收入。

资料来源：根据ECLAC、ECLACSTAT/CIAT/OECD数据、拉美收入统计数据编制。

统计链接：http://dx.doi.org/10.1787/888932510124

拉美财政政策的再分配影响不太突出，可归因于低水平个人直接税和社会公共开支，以及对其缺乏足够的重视。这说明，与经合组织成员国相比，在减少不平等的有效性方面存在明显差距（图0.3）。在（教育和健康）方面，旨在减少不平等的转移的有效性的差距不像现金转移的情况那么明显。为了扭转这种局面，应该巩固低收入公民的收入转移规划和社会保障制度的团结支柱，尤其是养老金（要特别注意引导这些激励手段，使之不会增加劳动力的非正规性或者刺激不劳动）。反过来，拉美各国社会支出水平之间的巨大差距（从危地马拉占国内生产总值的7%，到巴西占国内生产总值的25%）反映了社会保障方案方面的强烈反差，特别是在养老金和医疗服务方面。不过，也反映了在健康、教育和失业福利服务方面人口覆盖范围的明显差别。

图0.3 拉美的财政政策在减少不平等方面作用很小（基尼系数）

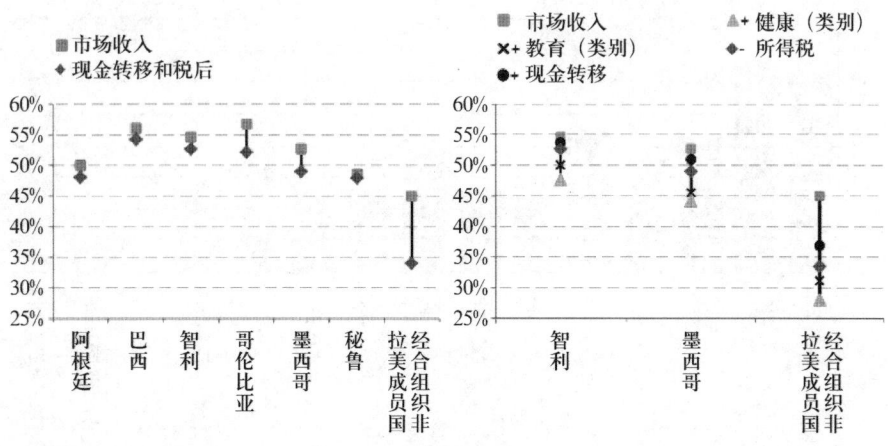

资料来源：OECD（2008a）对OECD非拉美成员国，OECD（2008b）对阿根廷、巴西、哥伦比亚和秘鲁，以及基于智利和墨西哥家庭调查的估计。
统计链接：http://dx.doi.org/10.1787/888932510143

就此而言，强化公民和国家之间的社会契约的财政约定是关键。[4] 财政改革的成功取决于要考虑到税收和开支之间的关系，以及只要公民纳税就要保证其公共服务的可获得性。当具备以下几个条件时，税收改革可以取得进展：1. 改革基础要牢固地建立在事前分析及事后透明的评估，以及全面研究的基础之上；2. 改革已经与国家相适应，特别是在经历了其实施所需要的过渡期；3. 依靠明确的领导和居民各阶层的广泛支持。财政约定（各个社会、经济和相关政策部门之间的一致）可以是一般性的或者集中于某个领域，例如，教育、就业、社会保障或基础设施，或者围绕一个具有号召力的主题制定，如平等、公民安全或者反贫困。立法机关在该约定形成及其与预算挂钩，以及在改善税收制度的税制改革谈判中都起着关键作用。

除了增加资金之外，国家也应该转型，以便更好地满足公民的需求，更有效、透明和高效地管理资源。国家是现代社会的重要行为者，拉美及加勒比经济体也不例外。民主的巩固、经济的增长、福利制度的发展、城市化以及全球化促使支撑国家的职能及资源不断扩大。虽然最近几十年在拉美一些国家中公共支出占国内生产总值的比例（国家规模的指标）已经上升，但与经合组织成员国相比，仍然明显低很多（图0.4）。大多数拉美政府没有利用必要的工具来明确发展机遇及付诸行动的政策。因此，应该加强其管理能力及其人力资源：公民服务专业化是拉美公共管理改革的主要挑战之一。反过来，国家需要有效的规划工具和政策、方案以及项目协调工具以发挥转型者的作用。应该加强财政措施和中期框架基础的制度性，推进透明的账户收益并依靠政策及方案评估机制，以及公共投资的国家制度。应对发展的挑战，效率至关重要。利用同样多的资源提供和产出更多，或者利用较少资源得到同样多的产出，从而把资源节约出来用于其他优先事项。效率的提高也有助于赢得公众对实行必要的改革的支持：如果他们看到国家有效利用资源，并从服务和展开的行动中受益，他们会承认国家最合法，将纳税更多。公共部门行动的高效率要求制定政策及其实施的责任者明确计划工具和各项政策、方案及规划之间的有效协调。另外，公共管理较高的透明度提高支出的效益和效率。特别是，减少腐败的政策和行为应该建立在获得更多信息和更高的公民参与公共政策基础之上。新技术（例如，使用电子政务互联网或公共机构新近使用的"开放数据"想法）可能会有用，不过，合适的公共制度是那些应该转变职能并与充分发挥潜力相适应的制度。

国家转型不能局限于做得更好，更透明，也就是目前正在做的，而是应该确定新的战略以确定并实现优先目标。有三个重要领域支持可持续性和包容性增长：教育、基础设施及生产力开发和创新。确定战略至关重要，以克服影响拉美国家发展的结构性障碍并实现公平发展的目标。因此，除了更多的资源、公共管理的效率和透明度，以及政策实施的效力之外，有必要确定行动的优先领域并建立治理结构来协调各项方案。扩大教育制度的覆盖面及提高教育质量，增加密度和基础设施的使用，并提高生产力开发与创新的投资，这些对拉美经济体产业结构转型和多样化、提高其出口技术含量及其在全球价值链中的地位来说都是关键因素。它对提高生产力、创造高质量就业以及发展更公平的经济制度都很重要。

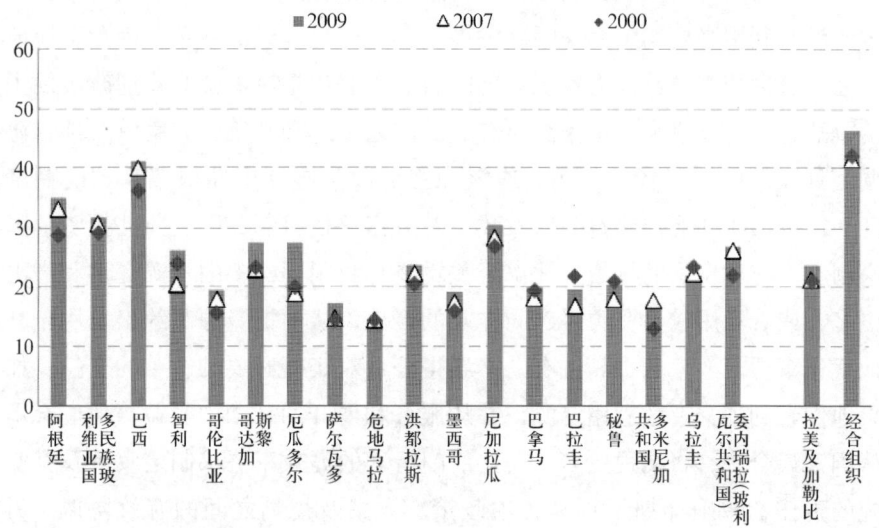

图 0.4　在公共支出方面，拉美比经合组织成员国少

（占国内生产总值的百分比）

注：a）统计资料指的是阿根廷、玻利维亚多民族国家、巴西、智利、哥斯达黎加、尼加拉瓜和秘鲁各级政府，以及哥伦比亚、厄瓜多尔、萨尔瓦多、危地马拉、洪都拉斯、墨西哥、巴拿马、巴拉圭、多米尼加共和国、乌拉圭和委内瑞拉（玻利瓦尔共和国）；b）阿根廷、巴西 2008 年最新数据。

资料来源：根据 ECLACSTAT 和 OECD"政府概览"（OECD, 2011b）数据编制。

统计链接：http://dx.doi.org/10.1787/888932510162

最近几十年，拉美教育的覆盖面和教育支出已经日益得到改善，但是其质量仍然偏低而且教育机会也不平等。拉美国家初等教育的覆盖面已经达到了与 OECD 成员国相似的水平，与此同时就整体而言，拉美中等教育和高等教育的入学率明显落后，与 OECD 成员国相比分别是：82% 相对 99%，以及 43% 相对 76%。尽管拉美教育质量有所改善，但是差距仍然很大。拉美国家的学生在国际测验，如国际学生评估项目（PISA）中，与经合组织成员国的学生相比表现不佳。例如，在阅读水平方面，超过 48% 的拉美学生达不到可以接受的最低水平，而 OECD 成员国这方面的平均值低于19%（图0.5）。同时，按照性别及学校类型（公立和私立）和社会经济状况看，从整体上讲，拉美地区差距（城市和农村）不仅大，而且甚至还有所扩大。例如，在阿根廷、墨西哥和巴拿马，在改变了社会经济现状之后，城市和农村学校之间的差距超过了45个百分点，这表明，农村学生与相对应的城市学生相比要落后一年多。

图0.5 与OECD成员国同年龄段学生相比，15岁的拉美少年在阅读测验中表现不佳，并且社会经济差异加大了对学生表现的影响（百分比）

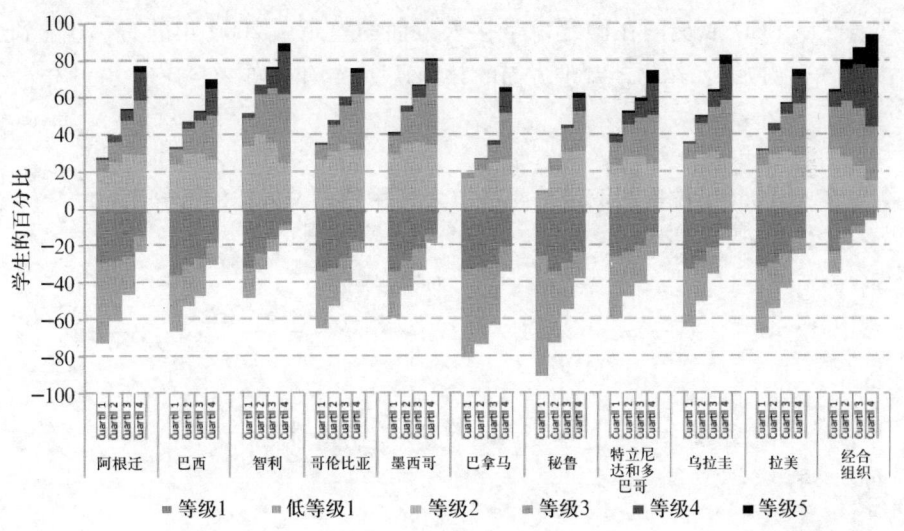

资料来源：根据2009年PISA测验数据自己编制。
统计连接：http://dx.doi.org/10.1787/888932510181

教育服务管理有两个突出的趋势：教育的提供者日益分散化，越来越多的私营部门参与高等教育。尽管拉美地区或国家和城市在提供教育服务方面已经承担了较多的责任，但是在拉美大部分国家中，这个进程并没有带来各级政府对管理培训的相应投入，也没有提供相应的资金。在高等教育（人口的转变导致了需求最明显增长）中在学校注册中，私人部门的参与已经超过了50%，这部分说明拉美教育中私人消费的强劲增长，自2003年到2009年间增加了1倍，从国内生产总值的1%上升到2%。

基础设施是拉美实现可持续性增长、竞争，甚至是公平的重要瓶颈。不管是与 OECD 成员国相比，还是与亚洲和世界其他地区的新兴经济体相比，拉美的差距很大（在某些方面，例如宽带上网，近十多年来还有所扩大了）。拉美需要更多更好的投入来消灭这方面的差距。新世纪头 10 年的前 5 年，与东南亚经济体相比，拉美在交通基础设施方面的差距是 85%（每平方公里的通路公里），能源部门（以每千名居民的兆瓦计算）的差距近 60%。在电信部门，电话取得了重要的进步，宽带上网服务的差距已经明显扩大，这主要是与 OECD 成员国相比，拉美居民注册数量增长缓慢。拉美和 OECD 成员国在固定宽带接入方面的差距从 2000 年的 1% 上升到 2009 年的 17%，在移动宽带方面的差距从 2005 年的 5% 上升到 2009 年的 44%（图 0.6）。

图 0.6 拉美的宽带差距在扩大（用户占总人口的百分比）

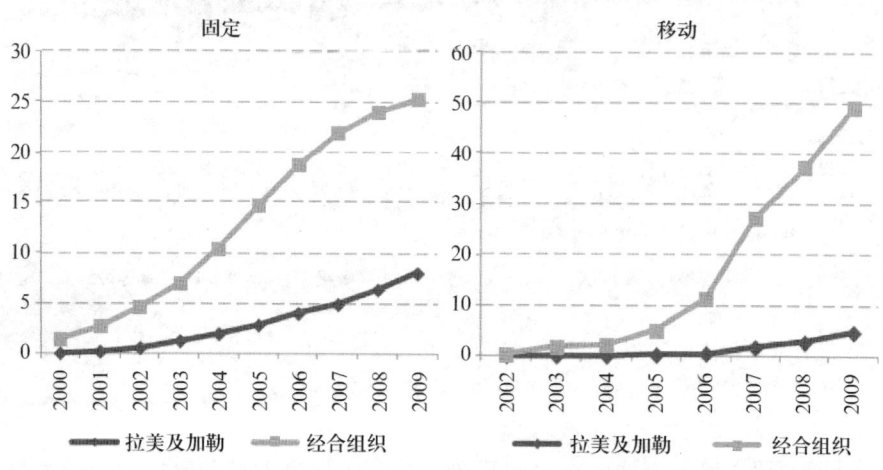

注：地区的简单平均值。
资料来源：根据国际电信联盟（UIT）数据，宽带的地区观察（ORBA）。
统计链接：http://dx.doi.org/10.1787/888932510200

拉美需要改善规则框架以便从长远角度巩固基础设施投资的规划及管理过程。在交通运输部门，项目的优先和计划，应当以在先期可行性分析过程为基础，以实现社会效益最大化，这就需要在建设新项目和维护已有设施之间保持平衡。在交通方面，联合运输模式的原则（可以理解为，无论是游客还是货物，一次运输使用的单一运输方式，或多次运输采用不同运输方式的组合，以从而使运输计划的效率最大化）将引导公共行为。在电信方面，规则框架应该适应技术兼容，监管应该完善国家控制的资源管理，如域名、电磁频谱分配或编号，等等。

与此同时，完善监管私营部门参与基础设施投资、管理和提供服务的激励机制和规则很重要。在交通运输部门，遵循正确选择私人参与的过程尤其重要。设计一个好的租赁合同，最大限度地减少重新谈判，明显降低隐性的财政成本。在秘鲁、哥伦比亚和智利，截止2010年已签署的60项重要的租赁合同中50项被重新谈判，形成了70亿美元的代价。在电信部门，特别是扩大宽带互联网接入方面，在那些私人看来服务不能赢利的地区，各国政府应该从社会视角出发，建立理想的（公共或私人）投资机制和激励措施。为此，监管机构的作用至关重要，以及为决策过程中不同部门之间的协商创造空间。

生产率差距是长期存在的问题，反映了拉美经济多样化程度低，及其非技术密集型部门的专业化、研究和开发及创新方面投资不足。拉美和美国的劳动生产率差距持续存在，并在某些部门有所扩大。1990年，拉美技术密集型部门的劳动生产率相当于美国同类部门劳动生产率的18%，2007年下降到了12%，这与宏观结构性变化有关[5]。在拉美，自然资源密集型部门仍然占制造业总产值的60%，而在美国，知识密集型部门占制造业总产值的60%。与此同时，初级产品和以自然资源为原料的制成品占拉美出口的50%以上。结果造成拉美在研究和开发方面投入资源不足，其投资占国内生产总值的比例从2004年的0.5%上升到2008年的0.6%；而在经合组织成员国，同期的比例从2.2%上升到2.3%。至于是谁在研发领域投入最多，与发达国家不同，私人部门在研发方面投资很少，拉美的公司将其科学和技术行动主要集中在购买机器及设备方面（图0.7）。

最近十年，制定创新战略的制度已经得到加强，但是仍然需要政策关注于国家创新体制的巩固，和更多的资金支持落实创新议程的安排。成立部委和机构以制定创新战略表明,拉美一些国家对该议题的兴趣增加了。例如,2007 年阿根廷成立了生产力创新科技部;智利已经成立了全国竞争力创新协会(2005 年)和竞争力创新政府委员会(部级)(2007 年);从 2008 年开始,在国家经济和社会发展银行(BNDES)大力参与下,巴西实施生产力发展政策,2011 年 8 月该政策得到了更新。但是,还有必要提高生产力发展战略和创新政策之间的同步化(例如像阿根廷、巴西和墨西哥,利用部门基金),改善规划能力,克服以短期评估为基础的资源配置倾向,制定重视结果的政策(出口企业的数量增加、产业部门雇用的博士人数、新的生产工艺的引进和/或市场服务的采用等),而不是关注"投入"的政策(研究与开发经费、在读博士生的注册人数等)。

图 0.7 拉美的挑战:动员私人投资参与研究与开发

(占国内生产总值的百分比)

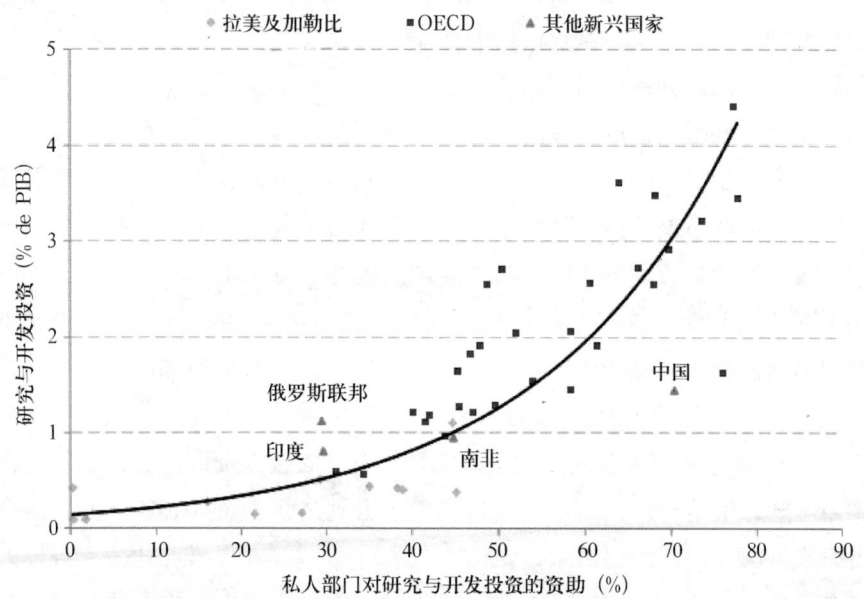

注:这些数字分别指 2002 年玻利维亚、2004 年瑞士、2005 年巴拿马和巴拉圭,2006 年澳大利亚、中国、以色列和南非。

资料来源:根据联合国教科文组织(UNESCO)数据编制,见 [http://

www.uis.unesco.org/pages/default.aspx］；伊比利亚美洲和美洲科学和技术指标网络（RICYT），见［http://ricyt.org］；经合组织（OECD）主要科学和技术指标（MSTI），见［http://stats.oecd.org/index.aspx］.

统计链接：http://dx.doi.org/10.1787/888932510219

教育、基础设施和生产力发展及创新是实现竞争力、经济发展和社会包容目标的三大关键领域。其中每一个领域都需要国家积极的公共政策、战略规划和富有成效的管理。对为实现专门的发展目标而制定的财政契约中，还应加上公共政策管理现代化，它包括了五个优先部门，并考虑到了拉美不同行为者之间相互影响的复杂的体制模式：

1. 采用注重结果的管理制度和规划机制。机构管理资源的能力应该提高，甚至应该采用跨年度计划以提高资源配置的效率。同时，应该寻求与私人部门的合作，加强国家发展战略的可行性及其实施。重要的是设计长期政策并安排各项改革的优先次序。例如，平衡教育覆盖目标很重要（例如，通过基础设施投资），包括包容性质量的目标（比如，缩小城乡差别的教育制度能力）和竞争力目标（支持职业培训人员的生产性参与）。优先重视结果而非"投入"的观点，还有利于政策评估，从开始实施起进行学习，而后进行调整以提高其成效。

2. 建立各级政府和公共及私人部门之间（横向和纵向）的协调机制和激励措施。为此，必须在公共管理战略智力方面进行投资（培训专门的人力资源）以及为建立公共和私营部门之间的信任机制创造对话空间，与此同时加强国家的调控能力。例如，各个行为者之间缺乏协调是拉美基础设施政策的主要弱点，它对生产力、竞争力和可获性都有重要意义。有效协调的主要障碍是缺乏面向合作的制度激励以及合适的制度结构。必须设计激励机制以有利于同级政府机构、不同政府机构以及公共和私人部门之间的协调。同样，明确各级政府间的责任也很重要。

例如，在提供教育服务方面，重要的是，中央政府具有明确工作条件和职业专业发展的某些权限，如标准制定、基本课程的设计以及教学条例的管理。反过来，教师职业的专业化，将其与在学校的表现和更完善的培训结构紧密联系起来，这应该包括学校校长和公共管理各个级别的领导。

同样，在其他领域，推进契约形式也很重要，以激励独立于政治周期的公民职业的发展及其职业化和专业化，以及运用先进工具进行规划、跟踪和评估的能力。

3. 确定明确的标准和能达成协议的规定机制。明确的且方便公共部门和私人部门之间联系的规则框架，不管是对基础设施投资还是对创新而言，都很重要。例如，在电信方面，拉美大多数国家的法律制度仍然面向监管服务，这不适应技术兼容。必须改变一般形式的电信服务监管，避免措施的割裂，引起监管的不对称和扭曲，最终损害使用服务的消费者。在高等教育，重要的是拥有明确的评估机制和体制认证的规则框架，以保障并提高教育供给的质量。

4. 在加强制度和培养公共管理能力方面进行投入。地区和/或州和城市间的责任分配，必须伴随着相应的财政资源和地方的管理能力。教育服务的提供，以及交通运输基础设施服务，需要各级政府之间的联系。因此，重要的是，要加大投入培训地方公共政策管理者。同时，当设计新工具和引进预算分配新标准时，必须要对公共政策管理者的培训给予投入。为此，政府应该分配资源使之倾向于有利于地方、国家和地区层面的合作。

5. 为公共政策的决策提供信息、数据和制度。必须明确和建立信息制度，以便对政府行为作用进行评估。一些国家已经进行了投入，在教育和创新的数据收集和传播方面成立了统一的机构。这一进步得益于公共机构和部委信息系统的广泛的现代化，它提高了透明度和数据的可获性。这种情况不仅出现在拉美地区大的经济体中，如阿根廷、巴西，而且也出现在地区小的经济体中，如哥斯达黎加和巴拿马。与此同时，在公共政策制定和评估中还必须建立鼓励使用数据和信息的激励机制。与 OECD 成员国不同，在分析政策的体制建设方面，拉美国家仍然处于初级阶段。在创新领域，最先进的国家是巴西，不管是应用经济研究所（IPEA）还是战略研究管理中心，都成为分析公共政策影响及其调整的体制空间。

总之，尽管遭受到全球金融危机的影响，但是近几年来拉美经济形势大有改善。拉美各国政府应该抓住这个机遇，设计和实施更好的公共政策，使之沿着更加包容和可持续性的长期发展道路前进。虽然短期目标应该是重建因政府应对危机而缩小的财政空间，但是，各国也应该解决限制其经济实现发展目标的结构性问题和制约因素。减少收入分配的不平等、改善公共服务、创造更多的机会以及促进生产多样化，都是最重要的目标。更加有效的公共管理是关键，因为它可以为促进发展的其他政策措施释放资源，并且提高公民对管理和实施必要的改革的支持。但是提高效率还不够，各国也应该更有效率地实现目标。它只有通过财政改革才能实现，以便能有必要的资源用于实现经济发展的主要目标。为了对提高竞争力、加强社会包容做出贡献，大多数拉美国家的政府已经确定了三个优先领域以便将增加的资源投向它们：教育、基础设施和创新、生产力发展。其中每一个领域都需要国家更有效的管理和更高效的战略行动。

注 释

1. ECLAC (2010a) 讨论了两方面因素的相对重要性。
2. ECLAC (2011)。
3. OECD (2010a)。
4. ECLAC (1998) 先驱性地提出了税收和开支新协议的必要性。
5. ECLAC (2010b)。

第一章 宏观经济概览

概 要

与包括 OECD 非拉美成员国在内的世界其它国家和地区相比，拉美经济更好地抵御了 2008—2009 年的金融危机，并更快地恢复了增长。拉美地区面临的主要挑战是谨慎地驾驭当前经济形势，重振财政，以应对欧元区问题引起的资本市场资金链断裂等潜在风险。

尽管拉美与中国日益密切的经贸联系对地区的复苏十分重要，但也使其更易受到中国经济增长潜在放缓对原材料价格以及许多拉美国家财政账户带来的影响。本章提出，需要加强地区的宏观经济应对能力，提高公共财政部门运行的前瞻性，以执行促进更快、更好增长的政策。

导 言

面对 2008—2009 年金融危机，拉美经济展现了较强的抵御能力，其复苏进程也快于包括 OECD 成员在内的世界其它地区和国家。地区经济整体增长迅速，但各国情况差别较大。基于以下三个原因，宏观经济稳定成为各国讨论政府如何为发展提供杠杆支撑的大背景。首先，稳定为设计和执行各类改革措施提供了有利环境；其次，如果各国政府不积极应对，当前宏观经济运行中的一些因素可能会对稳定构成威胁；再次，当前良好的经济环境应该至少部分归功于各国在货币和财政政策上的良好实践。在许多情况下，可以对这些良好的宏观经济实践加以制度化。例如，拉美地区许多国家曾在过去设立了独立的中央银行或制定了财政纪律。

本章将对拉美地区近期的宏观经济表现进行分析。预计2011年，拉美的增长率将达到4.4%[1]。这要得益于强劲的国内需求以及亚洲市场对拉美地区出口产品依然旺盛的需求（见第二节）。然而，国际市场需求的增加推高了原材料的国际价格，从而加大了通胀压力。这使得拉美地区的中央银行面临着如何在既不加速资本流入，又不牺牲经济增长的前提下控制通胀的挑战（见第三节）。与此同时，尽管一般而言，吸收更多的外国投资对拉美地区经济构成利好，但这也随之带来了汇率波动加剧的挑战，会影响到各国的外部竞争力，并导致不可持续的信贷扩张（见第四节）。

拉美地区各国在高增长时期（2003—2008年）实施的稳健的宏观经济政策，为其它政策的执行创造和扩大了空间（见图1.1，左图）。例如，一些国家在2008—2009年金融危机期间实施了反周期的货币和财政政策，避免了危机的深化，并降低了危机对社会弱势群体带来的冲击。

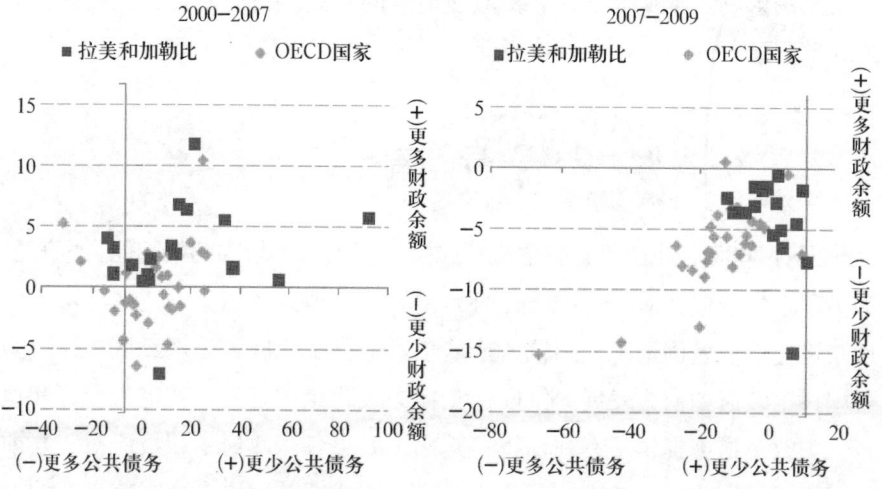

图1.1　金融危机之前和之后的财政政策空间

（2000—2007年和2007—2009年，变化率）

注：图中每一点代表一个国家。所选取国家包括OECD成员国和拉美和加勒比19个国家。

资料来源：拉美和加勒比数据来自ECLACSTAT公共财政数据库；其它国家数据来自OECD数据库。http://dx.doi.org/10.1787/888932510238

对于拉美地区许多经济体来说，最大的挑战在于如何谨慎地驾驭好目前有利但易变的经济环境，扩大宏观经济政策和应对措施实施的空间，保障公共财政的稳健和前瞻性，以缩小在基础设施建设、教育和创新等方面的差距，促进经济在长期实现又好又快的发展。扩大经济潜在增长水平，可以避免内需强劲增长导致的价格水平不稳定。从短期看，国际经济形势仍然是可能给拉美经济带来冲击的主要根源。当前欧元区的问题可能导致国际金融体系失衡，影响到新兴市场国家。资本回流也会造成汇率的剧烈波动，导致实体经济资金链断裂。中国在拉美贸易关系中所占比重的不断上升是促进拉美经济快速复苏的因素之一。然而，与中国日益密切的联系也使得拉美各国经济更易受到中国经济增速放缓的影响。一旦出现这种情况，将导致对拉美产品需求的减少和原材料价格的下降，从而对各国的财政收支产生影响。

从复苏到扩张

2009年，国际金融危机导致了拉美经济的暂时性衰退。2010年国内生产总值的增长反映出地区大多数经济体自2009年下半年开始经历的复苏进程得到了巩固。许多国家采取的反周期措施也取得了效果。用以抵制国际金融危机影响的财政刺激措施，与新兴市场引领的、国际经济自2010年上半年以来的快速反弹交相呼应。目前，拉美地区的经济活动已经超过了危机前的水平。2011年前几个月，拉美地区大多数国家延续了快速增长势头。联合国拉美和加勒比经济委员会预计，2011年拉美地区的经济增长将接近4.4%。南美各国的平均增长率将高于墨西哥和中美洲。但相比2010年，两大次地区间的增长率差距将有所缩小。

2003—2008年间，拉美地区许多国家宏观经济政策空间的扩大为各国采取应对危机的措施提供了前所未有的实力。此次国际危机爆发前，拉美和加勒比地区大多数国家表现出的宏观经济稳健程度，与该地区在历史上发生类似危机时通常面临的资金困难形成了鲜明对比。各国利用了2003—2008年持续六年的经济景气和全球资金宽裕的条件，改善了公共财政账户状况，增加了国际储备，并减少和改善了外债。近年来，各国非金融公共部门总债务占 GDP 比重的下降，是财政收入增加、经济增长以及相关产品价格上扬的结果。在许多国家，公共债务构成发生了显著变化：债务期限更长、固定利率债务所占比重增加、内债比重上升以及本币计价债务占比增加[2]。上述条件扩大了反周期政策的实施空间，使得各国有能力采取了史无前例的应对国际经济恶化的措施，推动了自 2009 年下半年开始的复苏进程[3]。

拉美地区 2010 年的高增长得益于国内生产总值各组成部分的显著扩张。这保证了平衡和强劲的复苏进程。包括私人消费和投资在内的国内需求的持续强劲（见图 1.2），受益于劳动市场的相对良好表现、实际工资增长、私人部门获得信贷的增加以及各经济行为体对危机影响预期的改善。此外，低水平的实际利率也刺激了消费与投资。在接收侨汇数量大的国家，经济的逐步复苏也提高了私人消费水平。与此同时，经济快速复苏也是存在大量闲置产能的结果。这些产能快速提高了生产水平[4]。受固定资产总投资增加（9.9%）和存货调整的拉动，总资本形成率 2010 年增长了 12.9%。本地区固定投资增长主要集中在大部分来源于进口的机器和设备领域，并受到本币升值、信贷扩张以及内需旺盛阶段带来的闲置产能减少的拉动[5]。根据不变美元价格计算，固定资产投资率增加至占 GDP 的 21.4%，高于 2009 年的 20.5%，但低于 2008 年的 22.1%，以及 1970 年代曾达到过的历史最高水平[6]。

国内需求旺盛引起了商品和服务进口（20.9%）、特别是耐用消费品和资本品进口的大幅增加。金属和一些油气出口国商品出口额增长迅速。油气产品出口额增加主要是因为价格上涨，而并非出口商品数量的增加。对于拉美和加勒比整体而言，有利的外部经济条件带来了出口产品的量价齐升。但进口增长甚至更快，从而导致了地区经常项目状况的恶化。根据联合国拉美和加勒比经济委员会的数据，该地区经常项目赤字从 2009 年的 −0.4% 增加到 2010 年的 −1.2%[7]。鉴于此，2010 年净出口对于地区经济增长的贡献率为负值。

图1.2 拉美13国：2009—2010年总支出各部门季度变化率
（百分比，按2005年不变美元价格计算）

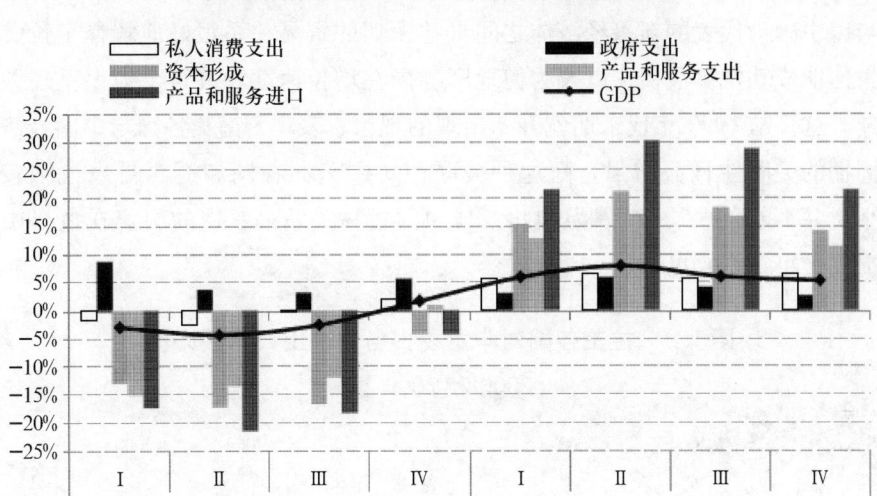

注：拉美13国包括阿根廷、玻利维亚、巴西、智利、哥伦比亚、哥斯达黎加、厄瓜多尔、墨西哥、巴拉圭、秘鲁、多米尼加、乌拉圭和委内瑞拉。

资料来源：根据各国官方数据整理。http://dx.doi.org/10.1787/888932510257

对华贸易关系的发展是理解拉美经济近期表现强劲的又一个基本因素。世界经济中心逐步向东亚和南亚（特别是中国和印度，也包括其他新兴经济体）转移的过程导致与这些国家贸易往来的扩大[8]。近十年来，南美对华贸易增长迅速。例如，在这十年中，对华出口占总出口的比例在巴西（从2%增加到13%）、智利（从5%增加到23%）和秘鲁（从6%增加到15%）等国均不断增加。对中美洲各国和墨西哥来说（对华出口占上述国家总出口不到2%），中国并非重要的出口市场。但与此同时，中国却已经成为了巴西和智利的最大出口市场（2000年，中国在上述两国出口市场中的排名分别为第12位和第5位），并成为阿根廷和秘鲁的第二大出口对象国。拉美地区各国从中国的进口均大幅增长（见图1.3）。作为高度专业化的原材料生产国，包括玻利维亚、智利、厄瓜多尔、巴拉圭、秘鲁和委内瑞拉在内的许多南美国家面临着相对较小的来自中国的竞争压力。巴西、哥伦比亚、阿根廷和乌拉圭等国面临着中等程度的中国竞争,而中美洲各国和墨西哥由于与中国出口结构相似[9],同中国的竞争程度最为激烈。与以中国为代表的新兴经济体之间日益密切的贸易关系很好地解释了拉美为何能成功抵御危机,以及为何地区各国在增长速度和政策余地上呈现差异。这一从1990年代末期就开始出现的现象,表现为南美各国与中国经济周期的关联性日益增强。而这种关联性对中美洲各国和墨西哥来说则较小,并不断减少[10]。正因为如此,与中国贸易关系最紧密的国家在危机中损失最小,恢复更快[11]。

图1.3 拉美各国对华贸易占各自进出口总额比重

(2000和2009年)

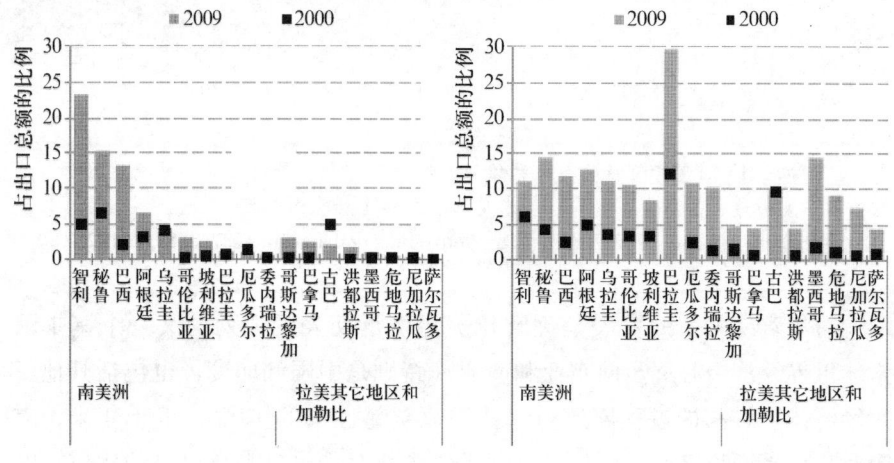

资料来源:根据联合国大宗商品贸易数据库(COMTRADE)数据编制,http://dx.doi.org/10.1787/888932510276

与中国的贸易关系也解释了地区各国贸易条件不同步演进的现象。中国经济扩张带来的对初级产品需求的增加反映为大多数拉美初级产品出口国贸易条件的改善。这些国家主要集中在南美洲。而对于南美以外的其它拉美国家来说,相关联系呈现出反向趋势。这些国家是石油进口国,特别是中美洲各国并不生产亚洲新兴经济体所需要的大宗商品(如金属或大豆)[12]。从上一个十年的初期开始,南美贸易条件指数不断改善(除2009年未增加外),2010年比2000年的水平增加了近60%。但这种情况在中美洲恰好相反,2010年的水平低于2000年14%(见图1.4)。

与中国及其它亚洲新兴经济体的贸易发展既为拉美提供了新机遇,也在通胀和外部脆弱性方面带来了挑战。食品和燃料价格的上涨,对并不出口上述产品的中美洲和加勒比国家居住在城市中的弱势群体影响巨大。相关产品价格上涨形成了通胀压力,如果在内需强劲的背景下导致工资上涨,将影响价格总水平的稳定。对华贸易最为密切的国家将在更大程度上面临中国经济周期带来的外部冲击。只要中国依然保持世界经济增长重要引擎的作用,中国经济的放缓将潜在对拉美出口产品价格和数量产生显著影响,进而影响到各国的公共财政。

图 1.4 南美和中美洲:2000—2010 年贸易条件指数
(2005 年值为 100)

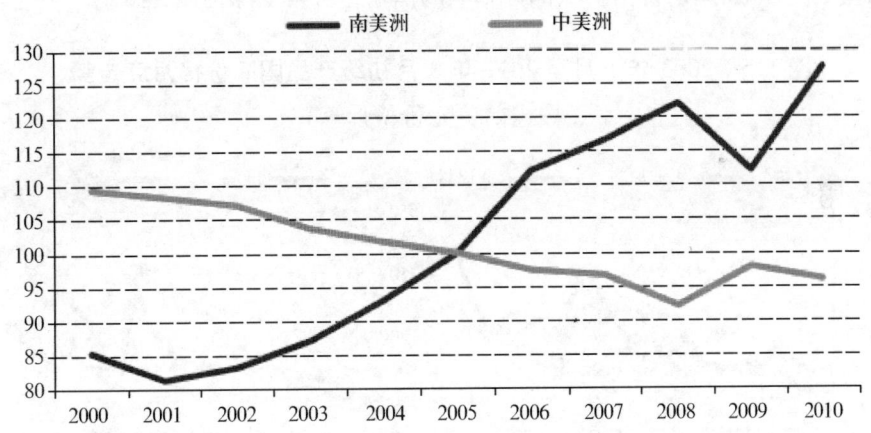

注:所选取的南美和中美国家分别为阿根廷、玻利维亚、巴西、智利、哥伦比亚、厄瓜多尔、巴拉圭、秘鲁、乌拉圭、委内瑞拉、哥斯达黎加、萨尔瓦多、危地马拉、洪都拉斯、尼加拉瓜和巴拿马

资料来源:根据各国官方数据编制,http://dx.doi.org/10.1787/888932510295

通胀压力与初级和能源产品价格上涨

自 2010 年下半年开始至 2011 年头几个月，初级产品的国际价格出现飙升。与此同时，通胀压力开始影响到拉美地区的大多数国家。许多大宗商品的价格超过了 2008 年金融危机时的水平（见图 1.5）[13]。价格上涨的结构性因素是中国和印度的高速增长。与此增长进程如影随形的是需要消耗大量原材料和能源产品的城市化和工业化进程、购买力不断扩大的中产阶层的出现以及饮食习惯西方化带来的对一些产品的需求增加[14]。由于食品和燃料的国际价格上涨，拉美加权平均的消费者价格指数上涨从 2009 年的 4.7% 升至 2010 年的 6.5%。此外，中美洲和墨西哥等国终止了前期给予一些食品及燃料的价格补贴。消费者价格指数的上涨在拉美低收入国家更为显著，因为在这些国家中，食品占消费的比重更大。甚至在本币升值抵消了进口产品国内价格上涨部分影响的国家，价格上涨仍显突出。

图 1.5　2003 年 1 月至 2011 年 8 月初级产品国际价格月度走势
（按当前美元价格计算）

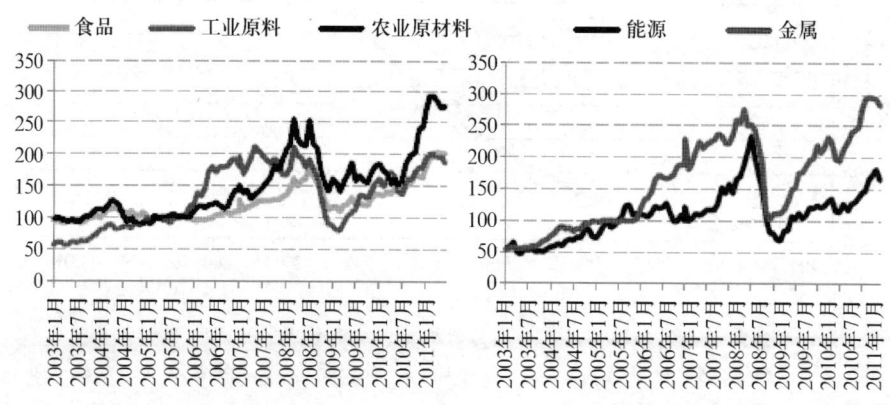

注：来自标准普尔 GSCI 加总指数
资料来源：Thomson Reuters Datastream
http://dx.doi.org/10.1787/888932510314

第一章 宏观经济概览

近年来，拉美许多初级产品价格波动显著加大。自上个世纪70年代最初五年以来，2008年是价格波动最剧烈的时期。影响价格波动的多为包括供给冲击（如主产国歉收）、美元实际汇率波动和金融市场预期在内的短期临时性因素。因此，导致农产品市场波动加剧的力量可以分为两类：一类是能够降低产品供求弹性的力量；另一类则是增加冲击频率和强度的力量。一些研究认为，与其它市场融合程度的增加是农产品市场价格波动加剧的主要根源之一。这指的是与如燃料市场等专门市场，或不同农产品市场之间的融合度增加，或初级产品市场、农产品市场与金融市场的更密切联系[15]。

食品和能源价格上涨对各国的影响并不一致。除了对低收入国家影响更大之外，价格上涨还对更加依赖食品进口的国家带来了严峻的挑战。例如，对于大多数加勒比和中美洲国家而言，食品进口占GDP的5%左右，而拉美平均比例为4.3%。中美洲其它相对依赖食品进口国家的这一比重在GDP的2%至5%之间。由于贸易条件的改善，对于墨西哥和南美各国而言，这一现象并不显著[16]。

值得思考的是，消费者价格指数的上升是否需要通过货币政策措施加以应对。是否进行货币干预应该取决于是否存在更加普遍的通胀压力，而不仅是食品和燃料等价格易剧烈波动产品的价格上涨。在这方面，地区各国之间，即使在执行通胀目标制的国家之间，情况也不尽相同。例如，在2011年上半年的大部分时间里，不包括食品、饮料和交通（能源产品）等价格易剧烈波动产品在内的潜在通胀率在智利为负值，在墨西哥则呈现下降趋势。另一方面，这一潜在通胀率在巴西、哥伦比亚和秘鲁等国则呈现上升趋势。有证据表明，在这些经济体中，通胀压力的强度超过了大宗商品价格上升带来的压力。在这种情况下，特别是当潜在通胀率接近或超过通胀目标所设定的限定时，就有必要执行收缩性的货币政策。正如在2011年第二季度所观察到的那样[17]。

从2010年第一季度开始，针对通胀引起的担忧，一些拉美国家在巩固经济复苏的同时，开始实施限制性的货币政策。设定通胀目标的国家中，4国（巴西、智利、哥伦比亚和秘鲁）上调了利率。多米尼加共和国和乌拉圭也进行了加息。尽管如此，各国指导利率仍低于2008年金融危机蔓延前的水平。另一些更关注促进经济增长的国家没有加息（如墨西哥），甚至一些国家还进一步放松了货币政策（如阿根廷和哥斯达黎加）。

货币当局采取的措施试图避免食品和能源价格的上涨转变成价格总水平的上升，进而强化地区各国的通胀预期。相关产品价格上涨对拉美通胀机制带来的外部压力使政策制定者面临着新的两难境地。这要求协调好保持国内复苏基础稳固与防止在国际高流动性的背景下，货币金融环境导致通胀预期抬头和形成国内资产泡沫两大目标之间的关系。

鉴此，拉美国家的财政和货币部门当前正面临着三重挑战：（1）决定在多大程度上吸收外部通胀的冲击，同时调节对总需求的管理（以及减缓经济增长）；（2）设计将控制通胀成本降至最小，同时不增加资本大量流入和本币不断升值所引起风险的财政和货币政策；（3）采取措施，减少通胀冲击和控制通胀政策带来的社会影响。

资本流入：对稳定的挑战

拉美良好的宏观经济基本面、发达国家资本市场高流动性与不确定性并存，以及史无前例的低利率水平结合在一起，促进了大量资本流向许多拉美国家。虽然一般来说，特征不同的资本流入对提高投资率、促进经济增长提供了更大机遇，但是拉美和其他新兴市场上世纪90年代的经验表明，这些资金流的大幅波动可能引发深层次的宏观经济问题，甚至导致资金链断裂。尽管有证据显示，与以往相比，许多国际投资者更多看重本地区经济体的基本面特征，但资本流入新兴经济体的高度一致性反映出全球因素的重要性[18]。

资本流入和基本产品价格上涨导致了拉美各国名义和实际汇率的升值。升值尤其对制定了通胀目标，并执行灵活汇率政策的国家货币产生了影响。2010年前10个月与2009年同期相比，11个国家的货币出现了名义升值。较突出的升值货币包括巴西雷亚尔（13.6%）、哥伦比亚比索（13.2%）、乌拉圭比索（13.1%）、智利比索（9.4%）和哥斯达黎加科隆

(8%)。与此同时，只有包括阿根廷和委内瑞拉在内的 5 个国家出现本币名义贬值（见图 1.6）。从实际汇率看，各国情况不同。一方面，巴西和哥伦比亚的货币与本世纪头十年的平均水平相比，出现了升值（分别为 38% 和 24%），智利和委内瑞拉的货币与同期相比也出现了小幅升值（约为 10%）[19]。另一方面，秘鲁和墨西哥的货币保持了与历史平均值相似的水平，阿根廷则出现了小幅贬值（与本世纪头十年平均值相比贬值 15%）[20]。

图 1.6　2008 年 1 月至 2011 年 3 月拉美七国实际汇率指数
（2007 年 12 月值为 100）

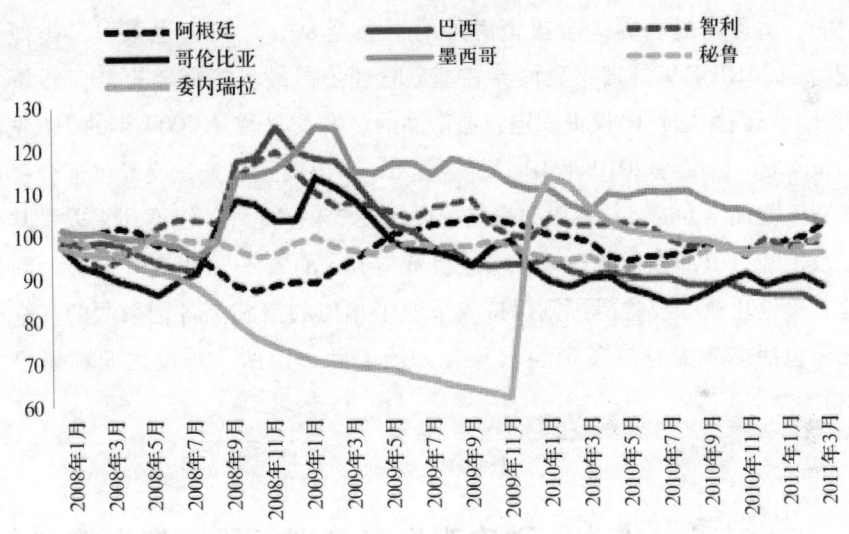

资料来源：根据各国官方数据编制。http://dx.doi.org/10.1787/888932510333

实际汇率的波动和超越基本面的过度升值会降低经济中贸易部门，或无法从出口价格上升中获益的贸易部门的竞争力。实际汇率的短期波动会对经济增长带来持久的负面影响。这在企业需要政策干预，以减少信贷约束的限制时尤为如此[21]。更有甚者，货币升值可能会抵消许多国家在鼓励创新、创造新的生产活动以及促进生产结构多元化方面的努力。

政策制定者已经采取了一系列措施来减少名义汇率波动，并降低资本流入逆转可能带来的风险。拉美各国为避免资本流入波动及其带来的名义汇率不稳定而采取的措施包括，限制短期资本流入以及加强公共部门和一些私人金融机构对外部资产的持有。

针对资本流入所采取的措施，可以根据各国是寻求吸收额外资金流还是希望通过资本控制减少资金流入进行分类[22]。阿根廷、巴西、哥伦比亚、哥斯达黎加、危地马拉、墨西哥和秘鲁等国通过对外汇市场进行干预，累积了大量的国际储备。而与地区其它国家相比，玻利维亚、巴拉圭和秘鲁的国际储备水平接近或超过 GDP 的 25%。一些国家则采取了旨在直接减少国外资本流入或增加国内资本流出的措施。例如，智利于 2010 年 11 月宣布，将逐步提高养老金投资海外的上限至 80%。秘鲁也采取了类似措施，于 2010 年 9 月宣布允许养老基金管理公司最多将资金的 30% 投资于海外。巴西则把外国投资固定收益产品的金融交易税从 2009 年的 2% 先提高至 4%，后又在 2010 年 10 月提高至 6%。巴西还将期货交易保证金税从 0.38% 增加至 6%，并将股票交易税固定在 2%。此外，巴西还采取了其它行政措施，以加强税收政策减缓投机资本流入的效果（见专栏 1.1）。阿根廷、哥伦比亚和秘鲁等国则保持或采取了相似的措施。各国采取的其它措施还包括提高无息准备金要求等（如阿根廷、巴西、哥伦比亚和秘鲁等国）[23]。

专栏 1.1　作为一种宏观经济管理手段的资本管制

"资本管制非但没有作用，反而会提高国内利率"。

上述充斥着内在矛盾的判断在讨论此类问题时十分常见。但一般来说，这种判断总是显得雄辩胜于事实。为进行深入探讨，需要将分析建立在以下两个基本显而易见的问题的基础上：（1）资本管制有没有作用（即是否按预期的方向对市场产生了影响）？（2）如果起作用，是否有效率（即收益大于成本）？本专栏从基础做起，结合使用税收手段控制资本流入的实例，对第一个问题加以分析。

资本管制通常与不付息的准备金要求（RRN）类似。智利和哥伦比亚在上个世纪90年代实施的资本流入管制基本上相当于国际资本托宾税的变种。实际上，智利当局规定，投资者可以选择支付一种相当于RRN的税。而投资者为获得流动性则往往接受支付。

对资本管制持怀疑论者的论据是，此类措施未能阻止资本流入和本币升值。然而，这种观点未免有失偏颇。因为，它无法证明，在不实施资本管制的情况下，资本流入和本币升值将达到何种程度。对资本管制效果进行定量分析的方式之一是确定当地利率与外国投资者所期待的回报率之间的利差程度。

衡量资本管制效果最简单便捷的方法是通过对冲利率平价偏差进行衡量。对冲利率平价偏差也就是利差和远期贴水率（国际投资者用当地货币进行套利交易时的收益率）之间的差额（a）。针对智利进行的一项研究表明，进行资本管制期间，这一差额在2%与3%之间波动，与托宾税数额相近（b）。对巴西金融交易税IOF的近期研究也得出了相似的结论：对资本流入征收6%的税导致了利差（巴西基准利率Selic与美国短期国债接近于0的利率之间的差异）与雷亚尔套利交易收益率之间6%的差距。这与土耳其里拉（见下图右）和以色列货币的表现相似。

资本管制是有效的。因为，它对进出国内市场的资金征收了流量费。其有效性取决于流量费的费率以及资金流量本身的多寡。例如，2%的税率最多减少以本地货币计价的资产（包括本地货币自身在内）价值的2%，而增加10%的税率将取得等比例扩大的效果（尽管有可能是非线性的）。但考虑到对短期投机者预期的影响，2%的可调节税率（正如巴西近来执行的那样）应该足以取得适中的效果。

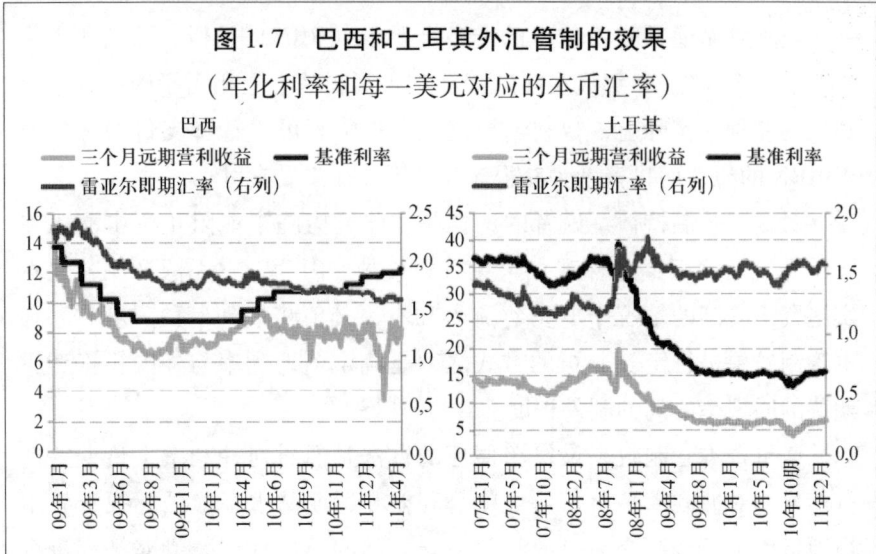

图1.7 巴西和土耳其外汇管制的效果
（年化利率和每一美元对应的本币汇率）

资料来源：根据 Thomson Datastream 数据库编制，http://dx.doi.org/10.178//888932510352

结论是，资本管制并非像一些反对者所宣称的那样无足轻重，但也并非支持者渲染的如此有力。客观而言，资本管制是反周期宏观经济工具箱中的一个补充手段，可以配合货币、财政和汇率政策，在各国的审慎监管中使用。

资料来源：由 Eduardo Levy Yeyati 编制

a 从技术角度讲，对冲利率平价意味着，货币套利收益率（即远期贴水）应该等于利差与包括国际资本流动税在内的交易成本之和。

b De Gregorio 等（2000）。

尽管国际储备的增加增强了各国应对贸易条件突然恶化、资本流入骤然中断以及汇率波动的能力，但也增加了拉美各国在货币政策领域面临的挑战。各国央行面临或者通过投放本币干预市场、从而增加公众的通胀预期；或者（完全或部分地）放弃干预，从而带来准财政成本增加并导致自身资产状况恶化的相机抉择。

拉美地区许多国家经济政策所面临的一项关键挑战是，如何在大量流动性可能刺激银行信贷扩张、从而引发某些资产市场泡沫的情况下,保持金融体系的稳定。自2009年初开始,一些拉美股市股票价格就出现了剧烈波动。

鉴于信贷的高速扩张、一些国家(如巴西)金融部门收益率上升,以及不断增加的各国货币升值压力,相关国家政府应该考虑采取措施,对这一趋势加以控制(见图1.8)。这些措施可以包括提高银行准备金和资本金要求。秘鲁从2010年6月开始将法定资本金率提高至9%,提高银行活期账户下限门槛,增加本币索尔和外币业务额外准备金率,并将非居民金融机构存款准备金率最高提升至120%。

图1.8 2010年拉美七国实际信贷的增长

(平均值)

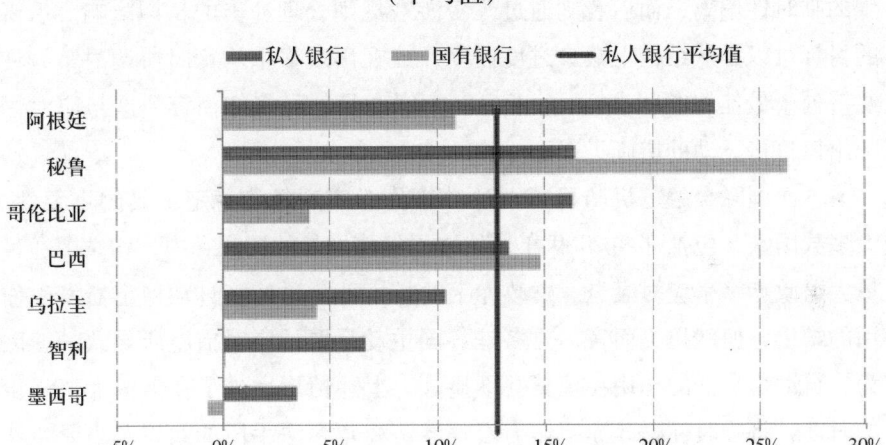

资料来源:根据各国官方数据编制。http://dx.doi.org/10.1787/888932510371

宏观经济政策面临的挑战

各国在决策过程中应理解当前的结构性问题,努力消除经济周期中的暂时性因素以及随之产生的影响。包括财政平衡、债务占GDP比重以及风险评级等在内的许多指标倾向于具有过于顺周期性的特点,它们通常会在很大程度上受到经济增长、大宗商品价格和实际汇率等因素的影响[24]。因此，各国不能仅仅过分关注国内指标是否表现良好，而更应该谨慎地考察有利的内外环境能否持续，从而为政策实施预留空间。

拉美在设计稳定财政的政策时，需要在引起某种趋向于季节性波动的"正常冲击"和可能带来不可逆的长期后果的"突发冲击"之间加以区分。设计应对突发事件的财政政策措施的困难之一在于，由于地区各国自动稳定机制的薄弱，采取应对非季节性冲击的措施需要具备相当的相机抉择能力。面对某一非季节性事件时，人们无法事先准确得知其发生的位置，更加无从判断这一冲击将如何改变经济结构和治理形式[25]。为决定采取何种应对措施，必须首先区分冲击的性质和特点。因此，需要将措施区分为反周期政策与宏观经济调整政策两大类。前者主要旨在应对针对现有趋势产生的临时性偏离，而后者则通过改变游戏规则处理冲击的长期影响。后者的目标可以是从结构上减少过度波动，或在出现多重均衡时协调决策，使经济处于最佳均衡状态[26]。对于出口大宗商品的经济体而言，这与应对国际出口价格波动的措施类似。

本次国际金融危机凸显了财政政策作为宏观经济稳定工具的重要性。大多数国家，包括那些2009年依然取得经济增长的国家在内，均试图通过扩大财政赤字来应对衰退。财政赤字的扩大部分是经济自动稳定器发生作用的结果，但就拉美而言，更多是各国主动采取的应对措施所导致的。因为，自动稳定器的作用在拉美并不显著。上述情形增进了在需求大幅减少的时期，将临时性财政赤字作为宏观经济稳定合法手段的共识。当紧急状况结束后，撤出战略应主要包括公共债务可持续性目标。该目标应与加速实现可持续发展所需的公共投资以及社会和生产性政策相一致[27]。

明确的反周期财政规则将有助于减少总需求的波动和扩大增加支出和社会投入的财政基础，以消除不平等。不应将财政政策仅限于公共账户的量化管理（公共债务、支出或赤字），更应关注公共财政实现关键发展目标的宗旨。政策数量和质量之间的联系应被纳入对公共财政质量的管理，以确保公共资金的有效使用[28]。

鉴于财政责任易让步于社会经济需要以及政府和政治承诺的特点，应该加强财政政策的可信度,避免任意滥用这一政策,促进各国采取有限度和负责任的财政政策。近来的经验表明,僵硬的且独立于经济周期之外的财政规则通常不易执行,因此可信度较低。财政政策的一项值得推荐的原则是使用公债余额的结构性指标对来自实际余额的数据进行补充。中期的战略应允许预算不平衡与宏观经济稳定短期共存,其优先目标是保证各项社会指标的落实和促进生产发展。现实的情形是,有时会出现需要执行更积极和灵活政策的特殊情况。所有宏观财政规则应该致力于在中期实现包括地方政府在内的公共债务结构性平衡,但同时也应设立特殊的临时性条款,以应对宏观经济可能出现的显著波动。虽然财政规则本身无法保证公共账户的可信度和清偿能力,但如果这些规则拥有足够的可信度,并成为各国财政体系的一部分时,就可以成为强有力的反周期工具。因此,有必要将反周期的财政政策制度化,以防止在繁荣时期对财政自由的滥用[29]。

在财政收入来源于价格欠稳定的自然资源出口时,设立稳定基金是一个稳定财政结构的重要组成部分。在运转良好的情况下,这种基金有助于在平时稳定财政支出,在紧急情况下增加融资,并在外汇市场上调节外汇供应。对这种基金的良好管理需要财政和外汇部门之间的密切合作。不设立此类基金可能会增加协调维护宏观经济稳定与实现可持续发展这两者关系的难度,导致通胀、就业、出口质量和增长等目标的失衡。

尽管具体情况各异,但拉美和加勒比各国均迎来了一个更好更快发展的机遇期。这需要多方面的政策协调,特别是宏观经济政策。拉美的发展历程表明,宏观经济政策导向失误与低效、脆弱的发展机制、生产投资缺乏和生产率提升不足之间关系密切。为实现宏观经济发展,既需要关注财政、货币、汇率和资本市场政策,也需要对上述各领域的经济政策加以协调,以保证有利的宏观经济环境能够促进资本形成,推动生产发展和创新,并创造高质量的就业。

注　释

1. ECLAC（2011）

2. Kacef（2009）；OECD（2008）

3. ECLAC（2011a）；OECD（2010a）；OECD（2011）

4. ECLAC（2011b）

5. 除委内瑞拉玻利瓦尔共和国（出现下降）、萨尔瓦多和哥伦比亚之外，地区其他国家资本品进口值均出现了两位数增长。增长最快的国家包括阿根廷、智利、厄瓜多尔、危地马拉、洪都拉斯和巴拉圭。

6. 与2009年不同，根据有关建立季度统计制度国家（墨西哥、秘鲁和乌拉圭）的行业构成数据，2010年扩张最快的是私人投资。

7. 联合国拉美和加勒比经济委员会（2011）

8. OECD（2010b）

9. Blásquez等（2006）

10. Lederman，Olarreaga和Perry（2007）

11. 各国2007年和2010年GDP实际增长率与对华贸易占外贸比重之间的正相关系数为0.61。

12. OECD（2010b）

13. 价格的变化区间因产品而异。这可以分为以下四种情况：（1）热带产品（糖、香蕉和咖啡）以及非食品类原材料（棉花、橡胶）价格的持续上涨；（2）从2008年下半年开始，食用油和大豆类产品价格稳定在高于2000—2005年平均水平50%至100%的区间内；（3）肉类产品价格上涨小于25%；（4）粮食和化肥价格出现剧烈波动。ECLAC、FAO和IICA（2010）；OECD（2011）

14. OECD（2011）

15. ECLAC、FAO和IICA（2010）

16. Jiménez，Jiménez和Kacef（2008）

17. 然而，自2011年下半年初开始出现的国际经济中的不确定性以及内外需求增长放缓，使得拉美地区大多数央行采取了中性的立场，或甚至重新下调了利率。

18. OECD（2011）

19. 哥斯达黎加、危地马拉、巴拉圭和乌拉圭的货币与本世纪前十年平均水平相比也出现了升值。

20. ECLAC（2011）
21. Caballero 和 Lorenzoni（2007）
22. Cárdenas 和 Levy Yeyati（2011）
23. 智利拥有控制资本流入的手段，但目前尚未使用。
24. Reisen 和 Von Maltzen（1999）
25. Daude 和 Roitman（2011）
26. Paneli 和 Jiménez（2009）
27. Carranza，Daude 和 Melguizo（2011）
28. ILPES（2011）
29. ECLAC（2010c）

参考文献

[1] Blásquez – Lidoy, J. , J. Rodríguez y J. Santiso (2006), "Angel or Devil? China's trade impact on Latin American Emerging Markets", OECD Development Centre Working Paper, No. 252, París.

[2] Caballero, R. y G. Lorenzoni (2007), "Persistent Appreciations and Overshooting: A Normative Approach" NBER Working Paper No. 13077, National Bureau of Economic Research.

[3] Cárdenas, M. y E. Levy Yeyati (2011), Latin America Economic Perspectives: Shifting Gears in an Age of Heightened Expectations, Brookings Institution, Washington, D. C.

[4] Carranza, L. , C. Daude y A. Melguizo (2011), "Public Investment and Fiscal Sustainability in Latin America: Incompatible Goals?", OECD Development Centre Working Paper No. 301, París.

[5] ECLAC (Comisión Económica para América Latina y el Caribe) (2011), Estudio económico de América Latina y el Caribe, 2010 – 2011.

[6] ECLAC (2010a), Estudio económico de América Latina y el Caribe, 2009 – 2010, (LC/G. 2458 – P), CEPA L, Santiago de Chile.

[7] ECLAC (2010b), Balance preliminar de las economías de América Latina y el Caribe, 2010, (LC/G. 2480 – P), CEPA L, Santiago de Chile.

[8] ECLAC (2010c), La hora de la igualdad. Brechas por cerrar, caminos por abrir. Trigésimo tercer periodo de sesiones de la CEPA L. Brasilia, 30 de mayo a 1 de junio de 2010, (LC/G. 2432 (SES. 33/3), CEPA L, Santiago.

[9] ECLAC (2010d), Panorama Social de América Latina y el Caribe, Libros de la CEPA L, noviembre, Santiago de Chile.

[10] ECLAC, FAO (Organización de las Naciones Unidas para la Alimentación y la Agricultura) e IICA (Instituto Interamericano de Cooperación para la Agricultura) (2010), "Volatilidad de precios en los mercados agrícolas (2000 – 2010): implicaciones para América Latina y opciones de políticas", Boletín ECLAC/FAO e IICA No. 1.

[11] Daude, C. y A. Roitman (2011), "Imperfect Information and Saving in a Small Open Economy," IMF Working Paper 11/60, Fondo Monetario Internacional,

Washington, D. C.

[12] Fanelli, J. y I. P. Jiménez (2009), "Crisis, volatilidad y política fiscal en América Latina", O. Kacef y J. P. Jiménez (comp.), Políticas macroeconómicas en tiempos de crisis: opciones y perspectivas, CEPA L, Santiago de Chile.

[13] ILPES (2011), Panorama de la gestión pública en América Latina. En la hora de la igualdad, Instituto Latinoamericano y del Caribe de Planificación Económica y Social, Santiago, Chile.

[14] Jiménez, F., J. P. Jiménez y O. Kacef (2008), "Volatilidad de los precios de productos energéticos y alimentarios: impacto macroeconómico y medidas de política en América Latina y el Caribe", Seminario Crisis alimentaria y energética: oportunidades y desafíos para América Latina y el Caribe, Santiago de Chile, 4 y 5 de septiembre 2008.

[15] Kacef, O. (2009), "Crisis y políticas públicas en América Latina y el Caribe", en Kacef, O. y [16] J. P. Jiménez (comp.) (2009), Políticas macroeconómicas en tiempos de crisis: opciones y perspectivas, (LC/W.275), CEPA L, Santiago de Chile.

[17] Lederm an, D., M. Olarr eaga y G. Perr y (2007), "Latin America's response to China and India: overview of research findings and policy implications", Revista de Economía y Estadística, Universidad Nacional de Córdoba, Facultad de Ciencias Económicas, Instituto de Economía y Finanzas, vol. 0 (1), pp. 149–193.

[18] OECD (2008), Perspectivas económicas para América Latina 2009, Centro de Desarrollo de la OECD, París.

[19] OECD (2010a), Perspectivas económicas para América Latina 2010, Centro de Desarrollo de la OECD, París.

[20] OECD (2010b), Perspectives on Global Development: Shifting Wealth, OECD Development Centre, París.

[21] OECD (2011), Perspectivas económicas de América Latina. En qué medida es clase media América Latina, OECD Development Centre, París.

[22] Reisen, H. y J. von Maltzen (1999) "Boom and Bust and Sovereign Ratings", International Finance, vol. 2 (2), pp. 273–293.

第二章 面向发展的公共管理

概　要

　　本章将分析拉美公共管理情况。在这一领域，地区各国均面临着重要的挑战。这些挑战包括，如何在中央政府高度集权的背景下，提高公共管理质量和增加行政透明度。与世界上其他地区的情况类似，在应对公共产品供应、推动社会公平、提供社会服务、进行资源再分配和稳定经济方面的挑战时，拉美国家政府所能掌握的资源有限。这就要求各国对不同领域的公共政策进行协调，包括运用财政资金、实现专业化的公共服务、恰当使用新技术以及调动公共和私人力量参与等内容。

导　言

　　决定国家机关及其人员管理形式的全部制度、规章和规则对国家的发展具有核心作用。本章将根据国家承担的各项职能，对拉美国家的公共管理进行分析。拉美国家政府承担的职能与 OECD 成员国并无大的不同，也包括公共产品供应、推动社会公平、提供社会服务、进行资源再分配和稳定经济等基本内容（见第二节）。一般而言，拉美国家政府与发达国家政府的区别在于所面临的需求规模不同，能掌握的资源更为有限。这使得拉美政府面临的挑战规模更大，也更加复杂。这些挑战主要包括：在权力相对集中于中央政府的情况下，如何提高公共管理质量和公务员素质，以及增加公共管理的透明度（见第三节）。拉美国家的决策者应该清楚地意识到应对这些挑战所带来的短期成本，以及对公共部门进行改革的长期收

第二章 面向发展的公共管理

益。因为,推动建设高效、务实和透明的公共部门别无捷径可寻(见第四节)。

当前,拉美各国面临着改革公共部门和建立满足发展需要的政府的良好机遇。地区各国经济增长,公共财政更加稳健,偿还外债的负担有所下降,并在社会民生、基础设施建设和生产部门发展等方面取得了长足的进步。民主制度的巩固和科技发展为改善公共管理提供了新机遇。但地区各国不能因此而自满,忽视所面对挑战的规模。

除了国情差异之外,拉美各国在建设满足发展需求的政府时,应特别关注公共政策的某些领域(见第五节)。这些拉美各国政府改革议程的基本要素包括:(1)改善财政资金的使用;(2)职业化的公共服务;(3)调动各方参与;(4)恰当地使用新技术;(5)推动建立开放透明的政府机制。围绕上述内容,各国也可在地区层面开展对话交流,以推广好的做法和吸取教训。此外,国际组织也可以在联系各地区组织、促进和推广改革方面发挥重要作用。

各国既需要进行财政改革,扩大国家履行职能所需的财源,也需要在预算管理、人力资源、电子政务运营、信息公开、增加透明度、提倡廉洁等方面加大努力。针对目前预算决策依据不足的情况,拉美国家应该建立基于执行结果的新的预算体制。与此同时,各国还需建立相应的后续评估机制,以针对预算执行结果及时生成相关信息,并促进这些信息在预算决策过程中的使用。

鉴于国家职能最终需要通过人来执行,拉美需要进行公务员队伍职业化建设。关键的因素是明确公务人员职能,并根据职能建立绩效考察与灵活性相结合的劳动制度。推动政府适当使用信息通讯新技术也有助于打造灵活、高效和透明的公共部门,并增强其对公民需求的反应能力。信息技术提供了一种双向通讯机制,有助于简化程序,并为公民参与打开了空间,从而有利于政府转型。

此外,还需要加强民众对于国家的信任感。解决一些问题需要采取政府与民间相结合的手段。这有助于减少民众对政府的疑虑。相关措施包括建立利益申报制度、信息查询制度和道德守则。此外,拉美国家也可以通过吸收社会各界及各利益攸关方参与公共管理而获益。为更加有效地提供公共服务，各国政府可以将自身的服务、政策和知识与包括非国家行为体、各级地方政府以及公共产品供应商在内的各界参与者相结合。

公共管理的关键内容

随着所提供服务和转移支付的增加，效率已经成为公共管理的关键因素。各方关注的焦点日益聚集在政府兑现政治承诺和回应公民不断增长的需求的能力上。

此外，公共服务应该具有相当程度的透明度。政府资金来源于纳税人，应该根据明确的法律范围及授权开展运作。一个现代的政府应就公共资金的使用情况及结果向民众述职。一般来说，许多政府部门对资金透明度的规定比私人部门更加严格，以取得民众信任。对于减少腐败而言，透明度是必备条件。此外，政府对市场干预的可预见性有助于增加市场信任，降低风险溢价，促进对监管规则的遵守。现代政府的高透明度同时也是信息技术的副产品。因为，许多国家的公民可以通过互联网获得信息，并对不同国家的状况优劣进行比较。

效率业已成为公共管理的组成部分。在保持同等服务水平的情况下，降低投入有助于将资源投向发展不足的领域。此外，高效还有助于赢得公众对包括增加税赋在内的政府改革的支持。但是，作为选民和公共服务用户的民众目前认为，由政府直接提供或其监督下提供的服务量少质劣。他们作为纳税人并不愿意为此支付成本[1]。因此，政府正承受着不断增加的压力，必须在投入更少的前提下做得更多。这也使效率成为公共管理的核心内容。

随着社会的多元化，对政府提出的需求也更加多样。在拉美，各国政府需要和发达国家政府一样，负责提供公共产品，推动社会公平，提供社会服务，进行资源再分配和稳定经济。近年来，拉美各国政府也开始面临着环保、经济一体化、性别平等以及生产和社会发展等领域的新需求。而无论与高收入国家还是与拥有相似发展水平的国家相比，可供政府在上述领域履行职能的资金十分匮乏。

专栏2.1　现代政府的责任和资源

政府提供国家所需的基本公共产品，如法律和秩序、国防、知识产权保护和履行合同的保护等。除了上述职能之外，政府还发挥着引导经济的作用。履行经济职能时，政府的手段包括向市场发出信号，采用发放贸易许可等激励措施，对能源、交通、粮食安全进行监管和推动创新等。教育和医疗是基本的公共服务，也是政府为公民提供的基本福利。此外，政府还负责推动文化发展，建立包括失业、疾病和老年贫困救助等方面在内的紧急社会保障机制。

这些职能的分配反映了社会偏好。通过不同的机制实现这些职能（政府直接提供服务、进行监管或是激励私人部门参与）则反映了政府履行职能的多样性，而并非政府责任范围的差异。因为，对于不同国家而言，政府责任的范围竟然表现出惊人的相似性。

政府职能在上个世纪得到了极大的拓展，成为公共服务的主要提供者。一个世纪的趋势显示，政府的规模在不断扩大。在支出和人员规模方面，大部分发达国家政府开支占国民收入的比重从不到十分之一增加到仅略少于一半。民主进程的巩固、市场经济的发展、福利国家的创建和经济全球化趋势深刻地转变着政府的职能。然而，这些转变并非呈现出线性发展的趋势。迫于财力有限、增强竞争力的需要以及社会变化，许多国家不得不重新设计政府的职能。最近70年来政府职能转变的最突出特点在于，政府已成为最大的公共服务提供者。在服务提供的过程中，政府和民众实现了常态化的互动。

今天，民众对公共服务的期待和标准要求与过去相比有了显著地提高。尽管现代政府履行着更多的职能，支出也增加得更多，但人们还是不禁要问，政府提供的是否是最好的服务？是否符合了民众的期待？如果考虑到财政限制的因素，上述问题的答案并非是要求"更多的政府"，而是"更好的政府"。也就是说，公众希望政府履行职能的质量更好，以获得信任，促进经济的可持续发展。这些问题也引起了社会学家与日俱增的兴趣。鉴于政府在国民收入中所占的比重不断增加及其对宏观经济的影响，经济学家和决策者更加关注公共部门的经济学。

作为一个复杂的组织，政府可能会同时追求多个政策目标，面临多重挑战，受到不同利益方的影响。公共部门并不能自行其是，必须按照政治领导层在考虑民众需要之后，通过立法为其确定的指令和职能行事。而政治领导层发出的要求、指令和目标可能模棱两可，甚至自相矛盾。但公共管理必须要适应这一现实，并力图协调当前目标和长远发展。这就需要公共管理符合现代政府特征多元化的现状，反映各个公共机构之间的联系。公共选择经济学有助于对官僚机构角色和职能的了解。这就是，官僚机构可能以社会整体利益的名义谋求实现其自身的集团利益。

公共管理机器架构的复杂性要求通过更加慎重和务实的政治方式加以应对，扩大权力制衡机制，增加开放性和透明度，采取减少腐败风险的控制机制。与此同时，这也需要加强协调，通过各个机构的合力，实现政府的战略目标，使其在资源使用和承诺兑现方面均能交出满意的答卷。

拉美国家完成上述职能的资金缺口远远大于发达国家。因此，各国政府必须最大程度地使用好本已匮乏的资金，履行促进发展的职能。各国必须管理好公共项目，或者引入私人资本参与这些项目。良好的公共管理对于政府实现各项目标而言十分重要。拉美各国在这一领域也面临着重大的挑战。

拉美在公共管理方面面临的挑战

筹措及有效使用资金：所有拉美国家（也许阿根廷、巴西和乌拉圭除外）均需要更多的财政收入，以满足公共部门及有效促进发展的需要。但同时也必须提高支出管理和执行的效率。在公共管理中，需要加强规划、协调和风险评估，以充分筹措资金。由于公共政策结构需要随发展程度转变，地区各国将逐步面临扩大服务和转移支付的挑战。

公务员队伍职业化：与OECD成员国相比，拉美国家政府公务员数量更少。在一些情况下，拉美国家公务员占劳动人口的比例仅略高于OECD国家该比例的一半左右（见图2.1）。然而，两者的差距还主要在于，拉美国家政府尚处于前官僚机构的状态。这就是说，正规的职业公务员数量匮乏，而高比例的政治任命充斥着公务队伍。一些拉美国家似乎已经发展出了高度扭曲的官僚体制。在这一体制中充斥着受到僵化的合同制度保障的冗员和按政见亲疏任命的领导层。这种情形导致政府官员更迭频繁，不利于通过连贯和持续性措施推动公共政策的实施，并使之产生实际效果。

图2.1 拉美国家与OECD成员国比较：公共部门就业占就业总量比例，2008年

（占就业总量比例）

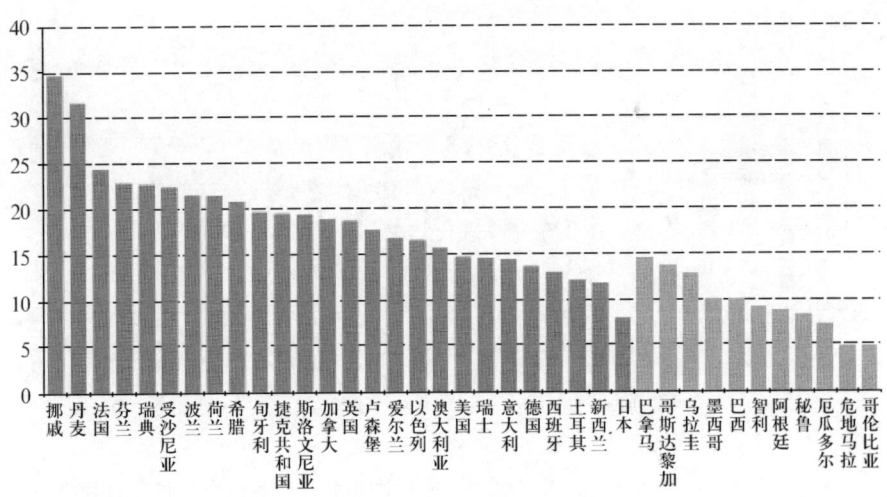

注：芬兰、以色列、墨西哥、巴拿马和波兰的数据为2007年；法国、日本、新西兰和乌拉圭的数据为2006年；巴西的数据为2003年

资料来源：国际劳工组织（ILO）Laborsta数据库。http://dx.doi.org/10.178/888932510390

在这一制度下,解决民众需求所需要的灵活性轻而易举地转变成随意性,并成为权力交易的源泉。在许多国家,高素质、有干劲的公务员比例本应该比现在高出许多。为解决这一问题,巴西、智利、墨西哥和秘鲁等国最近开展了改革,致力于建设职业化的高级公务员队伍。但在整个拉美地区,这样的改革还仅是个案,而并非通例。此外,此类改革才刚刚起步,要克服的障碍依然众多。

另一个用来衡量政府规模的常用指标是政府支出占GDP的比重。通过这一指标可以发现,拉美国家在政府规模上与OECD成员国存在差距。尽管拉美公共支出不断增加,但与OECD成员国的差距仍然显著,该差距甚至在近年来出现了扩大(见图2.2)。

图2.2 拉美与OECD成员国比较:公共支出占GDP比重

(百分比,2000年,2007年和2009年数据)

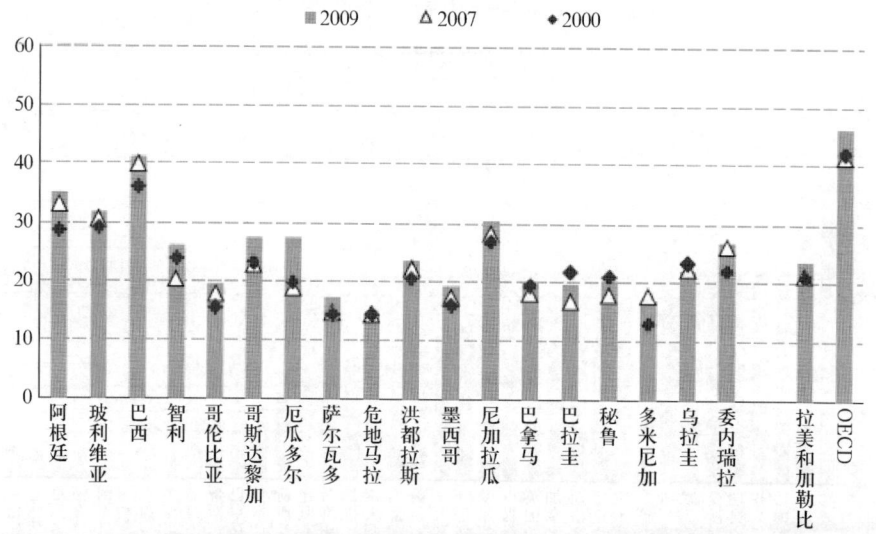

注:阿根廷、玻利维亚、巴西、智利、哥斯达黎加、尼加拉瓜和秘鲁的数据为各级政府总支出;哥伦比亚、厄瓜多尔、萨尔瓦多、危地马拉、洪都拉斯、巴拿马、巴拉圭、多米尼加和乌拉圭的数据仅包括中央政府支出。阿根廷和巴西的最新数据为2008年数据。

资料来源:根据ECLACSTAT数据库和OECD《政府一览》数据。http://dx.doi.org/10.1787/888932510409

第二章 面向发展的公共管理

集权：与OECD成员国相比，拉美国家财政和行政权力平均的分散程度更低。拉美国家市级支出占GDP的比重不及OECD成员国该比例的一半（分别为9.5%和20.6%），而拉美国家市级收入占GDP的比例只相当于OECD国家的三分之一。这反映出巨大的垂直差异。拉美各国的相关数据较为平衡，但联邦制大国（阿根廷、巴西和墨西哥）与单一制小国之间差距显著。后者甚至缺乏对地方的行政管理[2]。

除了对公共管理效率和公共资金分配公平的影响以外，权力集中也限制了公民参与国家事务的能力。如果说地方政府承担了公民所需的服务以及地方居民更为关心的投资中的相当一部分的话，缺乏资金和权限，以及过分依赖中央政府的转移支付对公民参与国家事务构成了结构性的限制。这也是中央政府很难弥补的。

缺乏透明度和信任感：从上个世纪80年代开始，拉美国家就开始经历了巩固民主的进程。作为政治制度的民主制获得了地区公民思想上坚定的支持[3]。民意调查显示，随着经济福利的增加，对民主制度的满意度不断上升。然而，中等收入阶层尽管相对赞同民主制度的税收和政党体制，对享受的公共服务并不满意。因此，可以将这部分人定义为对政府"不满意的客户"[4]。虽然各国在一些领域取得了进步，但较高的不平等水平、低透明度和公共服务质量损害了对政府的信任度以及地区各国的社会契约。

拉美各国的政府部门通常只能引起较低程度的信任感。对包括司法和立法机构在内的民主机构的信任度十分有限，对地方政府服务的满意度很难超过50%[5]。这种情况会导致从不信任到缺乏合法性的恶性循环，限制了政府增加税收的可能，从而使政府无法提供更加普遍的服务。当人们有足够资金支付私人服务时，便会彻底放弃公共服务，从而更加导致了公共服务的缺陷。与OECD成员国相比，在拉美国家，由私人提供的教育、医疗甚至安全等基础服务所占的比重更高。

国际比较研究显示，在绝大多数拉美国家，对腐败的感受水平显著高于OECD成员国。无论原因如何，一些拉美国家近来在反腐方面取得的进步值得称道。根据国际透明组织的资料，在智利和乌拉圭，人们对腐败程度的感受与比利时、法国和斯洛文尼亚等欧洲国家持平，仅略逊于美国和

· 45 ·

英国[6]。

作为政策工具的监管：许多拉美国家在上个世纪80和90年代就开始发展自己的监管体系，以适应公共服务和国有企业的私有化进程。在这一过程中，一些国家建立了负责对能源、电信和水务等行业进行监管的独立机构。然而，此次改革并未建立起连贯的监管体系。监管的实施程度也主要取决于主管机关自身的重要性。地区相当多数国家面临的一个共性问题在于，在被监管行业强大的实力与薄弱的监管机构之间存在不平衡。监管机构通常财力有限，员工待遇较低，例如公路交通承包监管部门。拉美一些小国制定监管规则和实施监管过程的能力较弱，这对监管制度的合理性及效率产生了消极影响。总之，与大多数OECD成员国相比，拉美国家较少使用监管这一政策手段（或监管效率低下）。

新标准和务实的应对[6]

官僚模式创造了基于一定规则的等级组织，以提供同质的服务。出于提高效能和效率以及改进问责的需要，许多国家开始进行改善公共部门表现的新实践，从而推动了公共管理和政府结构的现代化。这也促进了向"新公共管理"（NGP）标准的转型。这一新标准为管理者提供了更大的自主权，并鼓励开展绩效管理。围绕这一标准，各国进行了许多重大改革。例如，设立专门执行机构、在中央政府部门中引入半合同制模式以及绩效薪酬制等。转型过程也影响了对政府作用的重新定位。政府开始减少对提供服务的关注，而更加注重自身的领导职能，为市场提供整体战略框架。与此同时，公共部门提供服务时也引入了市场机制。此外，针对人力资源开展的战略及预防性管理也有助于增强政府能力，帮助其履行新的职能。

实践证明，在公共管理中需要运用专门的技术和手段。虽然"新公共管理"模式强调公共管理改革和好政府建设，但这一模式并非总能针对具体需求提供明确而直接的答案，也往往忽视了增强透明度的重要性。此外，该模式过分关注效率，而有时却牺牲了有效性。政府需要建立内部机构和程序，以减少阻力，全方位地应对新挑战。在这样的情形下，第二轮改革焦点就集中在绩效评估以及公共管理关键程序（预算、人力资源管理和审计）与绩效的关系上，并突出了问责的重要性。随着监管这一政策执行手段重要性的增加，监管改革的意义也日益显著。例如，OECD 成员国都引入了权力制衡机制，制定新规则，采取多种手段对现有监管制度进行更新和补充，以适应新目标。

财政稳健对于公共管理的压力也不断加大。危机影响了政府、市场和社会之间的平衡，迫使政府承担更大的责任。政府的当务之急是提高战略判断、整体承诺和灵活应变的能力，以采取连贯的政策措施，促进恢复长期可持续增长。当前，各国更加关注问责文化的建设。这要求加强竞争力，扩大所提供服务的选项，以提高政府部门效率，吸引服务使用者更多参与决策过程。

新技术的传播打开了通向新机遇的窗口。技术变革带来了管理信息和改善通讯的新手段。信息和通讯也是提供公共服务的过程中的两个基本要素。这要求公共部门通过与民众和企业的合作寻找新的有效解决方案。公共部门需要通过电子政务、政府门户网和人力资源战略管理等手段，在不增加支出的前提下，提高灵活性和效率。新技术也为将政府打造成一个"透明的部门"提供了新机遇。这将有助于公民参政和提供更加符合民众需求的服务[7]。

与过去相比，拉美国家当前拥有更好的政府改革时机。由于近年来采取的措施得力，各国很好地回避了金融危机的大部分影响。这为各国开展长期改革提供了稳固的物质基础和信誉。此外，阿根廷、巴西和墨西哥是20 国集团（G20）的三个拉美成员国，拥有参与国际经济新秩序建设的有利条件。此外，这些国家也致力于改善各自的政策制定过程（见专栏 2.2）。

在建设能够满足发展需求的政府的过程中，拉美各国不应该仅仅仿效发达国家曾经走过的道路。拉美近 20 年的历程留下了大量值得学习和借鉴的经验。各国应竭力避免不顾国情差别的照办照抄，必须要走出一条学习、改造和创新的道路。

专栏2.2 拉丁美洲的改革进程

各国不仅需要研究公共部门应该采取何种措施和战略来促进发展，还要了解如何采取这些措施和战略。这也正是改革进程的两难问题。通过五个阶段的"改革周期"可以更好地理解这一进程。这五个阶段分别是计划、对话、决定、实施和维持。虽然这五个阶段并非完全按顺序进行，但对其进行区分有助于了解过程中各个参与者所扮演的角色以及需要进行的改革努力，避免为未来发展制造障碍。

在计划阶段，各个改革参与者锁定问题，设计政策，并编制改革方案。在拉美各国，这一阶段往往临时拼凑的成分较多，甚至有些显得凌乱。行政权力几乎垄断了政治建议权，只是偶尔听取其它参与者的意见。缺乏协调和讨论的问题可以通过扩大技术部门、政党和其它机构的参与度加以解决。官僚机构中的技术专家有助于提高事前评估和改革计划的质量，而政党的积极参与则可以提高改革的稳定性，并使其符合公众利益。最后，包括国际组织在内的其它机构的参与有助于找出改革瓶颈，学习不同经验，提供政策借鉴和建议。

计划阶段之后是对话阶段。理想的情形是就改革开展包容和理解的对话，为民众提供对改革进行审议和讨论的机会，从而争取对改革的政治支持。一些拉美国家近来强化了政党纪律。此外，一些国家政府利用媒体对舆论的影响采取了"传媒战略"和"掌握信息"等技术手段，增加公众对改革的支持。然而，过度地就改革施压会影响政策的质量。因为，政策设计者往往有动力快速地推行政策，以获得高度关注，而不是制定有效的长期步骤。

对决定阶段而言，经济社会背景和改革议程的组织甚为关键。尽管国家的三权部门都支持改革，但其对改革的参与力度会因时而变。拉美的经验表明，经济环境对采取政策的可能性影响巨大。总体而言，危机会促进改革（并非总是结构性改革），而进行一揽子改革的倡议往

表 2.1 拉美公共部门改革周期的结构图：阶段、主要参与者和瓶颈

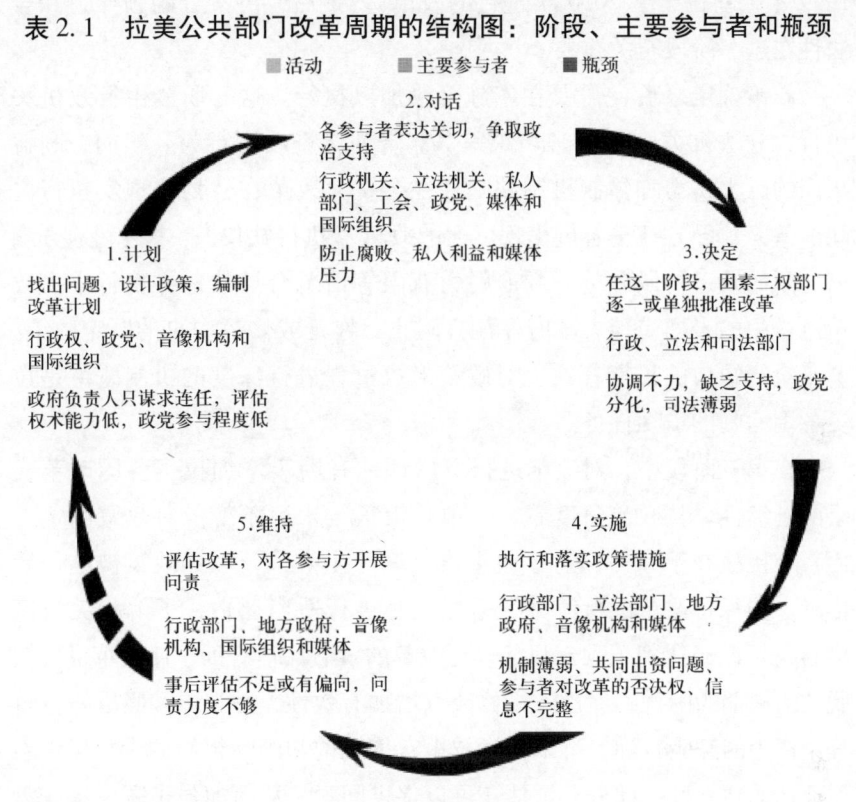

资料来源：Dayton‐Johnson, J., J. Londoño y S. Nieto Parra（2011），"The Process of Reform in Latin America: A Review Essay", OECD Development Centre Working Paper, No. 304, Paris. http://dx.doi.org/10.1787/888932510523

往有助于采取正确的政策决定。世纪之交的危机促进了拉美加强财政纪律和透明度的改革（如阿根廷于 1999 年，巴西于 2000 年，哥伦比亚于 2003 年，墨西哥于 2006 年和秘鲁于 1999 年进行的改革），推动各国建立结构合理的财政规则，以实现结构平衡（如智利于 2001 年和哥伦比亚尚处在批准过程中的改革）。此外，一些拉美国家在本世纪初的银行业危机之后加强了对金融体系的监督和监管（如哥伦比亚和秘鲁于

1999 年，乌拉圭于 2000 年进行的改革）。最后，决策者的领导力和合法性在这一阶段至关重要。

政策确定之后，需要在实施阶段加以执行。这一职能由行政机关履行，立法机关则负责密切跟踪、监督和调查政府行为。然而，利益集团的巨大实力和体制机制缺陷往往会扩大改革在计划与现实执行之间的差距，导致拉美各国出现巨大的改革"执行缺口"。中央和地方政府之间的缺乏协调和地方政府财力有限等情况会导致地方执行中央政策过程中的走样。地方政府往往会阻止、拖延或修改中央的既定政策。鉴于执行缺口的长期存在，对政策形成过程进行深度的机制改革是拉美各国面临的迫切任务。

在第五阶段中，对改革进行事后评估有助于增加拉美各国改革成果的延续性。从政治角度看，一项政策很难永远不变。对政策制定者而言，挑战在于如何保持该政策直至其产生效果，以免政策被继任者推翻。为保持改革的持续性，需要对其进行适当评估，了解相关政策措施是否已经达到了预定目标。对改革的事后评估有助于使改革措施摆脱政治周期的困扰，促进政策修改以增加有效性，并学习和吸取执行过程中产生的经验教训。可以通过技术官僚机构和国际组织的参与保证事后评估的独立性。此外，评估还可以促进问责，从而加强了政府在政策形成过程中的合法性。如果评估结论认为，需要对当前政策进行纠正。决策者应计划和设计适当的改革措施，上述循环则再次轮回。

拉美的改革进程对政策的经济社会效果产生了巨大的影响。就这些政策而言，效果和内容同等重要。因此，这些政策的特点在于，它们对改革进程来说，既是因，也是果。改革是一个多种参与者在许多正式和非正式的场合中不断互动的过程。改进上述改革的各个阶段将有助于最优实践的正规化和固定化。

资料来源：Dayton‐Johnson, J., J. Londoño 和 S. Nieto Parra（2011），"The Process of Reform in Latin America: A Review Essay", OECD Development Centre Working Paper, No. 304, París.

拉美是公共政策、特别是社会保障政策领域的先行者。拉美创造了有条件转移支付计划。这种计划在满足相关条件的前提下向贫困家庭进行转移支付,有效地鼓励了相关行为准则的推广,改善了贫困家庭的生活条件、机遇和社会资本。在许多拉美国家实践了近十年之后,这种计划目前已被推广至非洲和亚洲。此类计划的参与率因国家而异,但在厄瓜多尔、巴西和墨西哥等国,计划受益者已占到了总人口相当高的比例(见图2.3)。

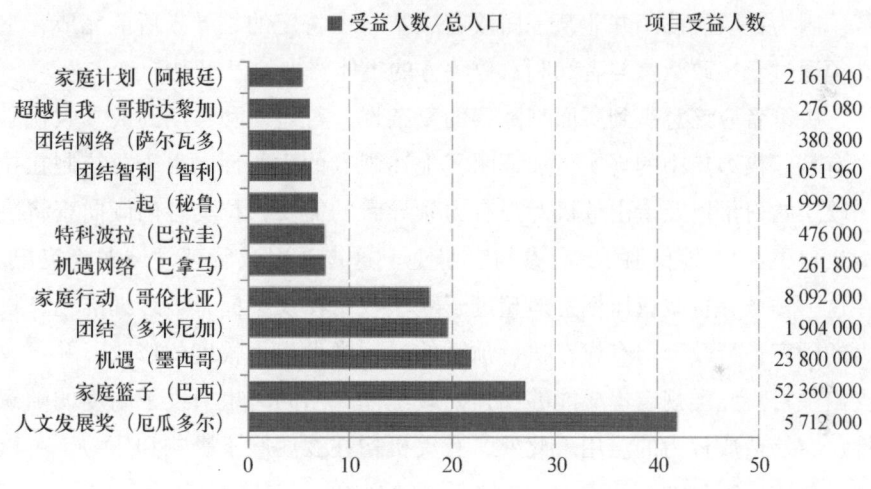

图 2.3　拉美各国有条件转移支付项目覆盖率

(项目受益人数占总人口的比例)

资料来源:Johannsen, J., L. Tejerina 和 A. Glassman (2009), Conditional Cash Transfers in Latin America: Problems and Opportunities, Inter-American Development Bank, Washington, D. C. http://dx.doi.org/10.1787/888932510428

由于财政资金有限,许多改革都吸收了私人资金参与,以提高公共政策的效率和覆盖率。拉美各国是最早推动建立社会投资基金、公私合营项目、财政补贴学校和私人社会保障体制的国家。所有这些措施均旨在减少公共管理方面的资金和能力缺口,吸收私人部门增加供应。尽管其中的一些实践并未获得成功,但为继续改善公共政策留下了宝贵的经验。从这些实践中,可以得出三点主要结论:(1)将服务供应交由私人部门办理并不能免除政府在制定标准和规范方面的职责;(2)通过私人运营方提供公共服务会在委托人和代理人之间引起一系列的问题。这些问题需要通过有效的激励和监管措施来解决;(3)公私合营项目和其它包含外部参与者的计划应该被作为公共政策的要素加以评估。

OECD成员国的经验表明,在建设高效、透明的政府的问题上,没有捷径或唯一的坦途可循。公共部门改革的路途漫长而艰辛,需要付出长期的不懈努力。拉选票的政治家往往通过简单的药方,承诺对政府部门进行彻底的改革。许多政府上台伊始常常承诺从零开始对公共部门进行改革,而对前人的工作不屑一顾。然而,拉美各国应该按照规划好的路径开展改革。因为,政府改革并非某一届政府或某一个特定的领导人所能完成,它必须通过众多政治参与者和利益攸关方的集体努力加以实现。

决策者应该意识到所面临障碍的复杂性,对短期和长期的成本收益心中有数。权力集中的现实更加证明了上述观点的重要性。由于总统制在拉美政坛的份量以及走出危机对强有力领导者的需要,拉美各国倾向于将决策权集中在行政部门的少数参与者身上。这点在财政管理领域尤为突出。在这一领域,行政权压倒性地超过了立法权。在议会拥有最终批准预算权力的国家,行政部门有权在执行预算的过程中做出大幅度的修改,并更改支出项目。此类规定本应能够加强财政纪律,但同时也引发了高度的随意性,容易造成权力的滥用。此外,有关机构往往屈服于影响和压力。可以通过集体决策或加大问责力度来降低上述风险。

无论法律设计如何完备,均无法单独解决政治回报问题。这需要对公共机构的运作方式进行改变。为实现这一目标,需要超越地方性的解决办法,在公共管理体制改革,或制定其他更加合适的管理制度方面取得进展。管理体制需要通过规则进行运转,它还具有一系列决定个人行为的激励和制度结构的特点。

结构完备的公共管理体制能够为政府提供最重要的资产:政府和社会之间的信任。缺乏信任是政府与社会关系中的痼疾。立法、监管和管理可能会受到某些特定利益关系的影响,但不信任会蔓延至包括司法、立法和警察部门在内的整个国家的基本体制中。缺乏信任对公共管理十分有害,困扰公共机构与国家之间的关系,并增加了公民与政府之间的交易成本。各国必须特别关注谋求政治回报问题,寻找克服这一问题的机制制度,促进对体制的信任。

改善公共管理的政策措施

在不影响市场发挥作用的前提下,政府应该在应对发展需求方面起到更大的作用,并关注下列领域的公共政策:(1)改善财政资金的调用;(2)公务员队伍专业化;(3)调动各方参与的积极性;(4)适当使用新技术;(5)推动建立开放透明的政府机制。

地区的发展议程对政府提出了各种挑战。为应对这些挑战,政府需要取得民众的支持,采取长远眼光,保证政策、社会和技术等方面的延续性。各国面临的基本挑战包括五个方面的内容[8]:

(1)政府需要保证提供一个能够促进经济发展的稳定的宏观经济环境;

(2)政府应该在推动生产结构变革中发挥积极作用,推动将技术进步成果纳入生产过程,采取能够减少生产结构中行业间生产率差距的连贯政策;

(3)政府应该在缩小生产能力地区差距、打通市场连接、推动服务均等化以及减少福利差距等方面发挥主要作用。鉴于影响地方发展的机构和参与方众多,在推动各地区和地方发展时,需要达成共识,上下一心,形成合力。扭转地区间发展不平衡也有助于减少社会整体的不平等程度。这需要政府制定相应的公共政策,并获得各级参与者的支持,以推动实现地区间的平等。

(4)地区各国需要采取积极的就业政策,为失业的劳动者提供保护,通过缩小劳动收入差距促进平等,增加劳动参与率和就业率。国家还需要采取改善就业质量和提高劳动者能力的积极措施,制定最低工资、生产性帮扶和保护非正规部门等政策。

(5)拉美各国政府还应加大对社会民生领域的投入,保障弱势群体获得社会福利和开发其能力的机会,以缩小在这些方面存在的差距。此外,政府在社会保障和进步方面发挥着决定性的支柱作用。与此同时,各国应设计和建立提供普遍基本社会保障的体系（保障基本收入和医疗）。因此，需要建立和加强免费的社会保障机制，扩大社会救助计划，制定鼓励有偿劳动和义务服务相结合的政策，并帮助妇女进入劳动就业市场。

实现上述各项建议对地区各国政府的资金实力提出了考验。公共支出的水平取决于各国财政征收能力。正如本报告提出的那样，对于增强政府资金实力、推动其在促进发展和社会公正方面发挥积极作用来说，赋税是具有决定性作用的政策。与此同时，也需要加强对自然资源的管理。因为，至少就南美国家而言，原材料价格上升的趋势至关重要。社会各界都在讨论如何使用好自然资源开采带来的收入。

（一）扩大财政空间，更好地调动资金

如果没有额外资金，许多拉美国家政府将无法满足社会的期盼，履行国际承诺。未来几年，政府职能还将继续扩大。一些国家将经历进一步的城市化进程，而另一些国家则需要面临剧烈的人口结构变化。随着人均预期寿命的提高，这些国家将必须面临如何为老年人口提供更高水平生活的挑战。在中级教育扩大的同时，对高等教育的更多需求随之产生。妇女专业化程度的不断提高将削弱家庭照顾老人、儿童和残疾人的能力。政府需要获得额外资金来履行这些随着发展进程而出现的新职能。

财政的公共管理也将发挥决定性的作用。重新引入预算周期对拉美国家来说十分重要。这一公共支出管理和分配的主要手段曾经在高负债、高通胀的年代被各国摒弃。各国在投资规划和跨年度资金分配方面取得了显著的进步。近来，随着公共投资计划评估体制的发展和加强，资金分配职能得到了强化。各国恢复宏观经济和财政中期规划是一个积极的信号。政府根据战略目标进行跨年度规划和预算安排对于实现经济社会可持续发展来说必不可少。在不稳定的国际经济背景下，各国管理公共财政和编制短期预算的努力有助于确定发展战略、实现发展目标[9]。

尽管自2000年以来，财政执行结果不断改善，各国仍需采取改进预算和扩大财政空间的措施，提高资金分配的有效性和效率，增加透明度。各国预算管理面临着体制僵化、稳定性差等问题。这削弱了对公共支出的管理。此外，扩大财政空间的目标不应与财政改革中的再分配和经济效率目标相抵触。

对拉美国家和OECD成员国预算机构进行的比较显示，拉美国家预算权利更为集中，行政部门修改预算时面临着更多的限制条件（见图2.4a和2.4b）。

图2.4a 拉美和OECD成员国比较：行政权是否拥有对立法权的否决权？
（占样本比例，2007年）

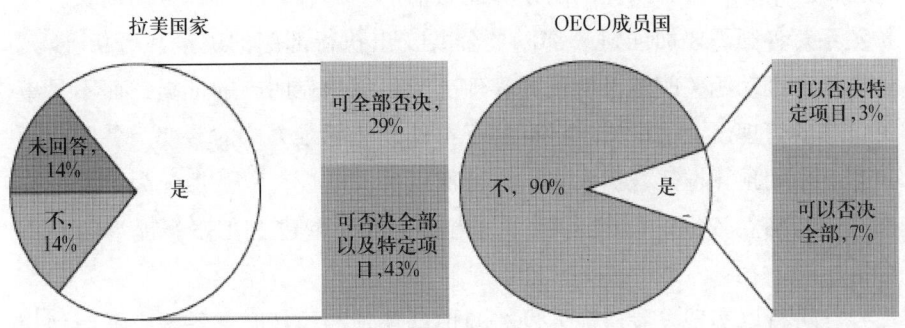

注：调查中涉及的拉美国家包括阿根廷、巴西、智利、哥斯达黎加、墨西哥、秘鲁和委内瑞拉
资料来源：OECD组织国际预算实践和程序数据库2005和2007年数据。
http://dx.doi.org/10.1787/888932510447

图2.4b 拉美和OECD成员国比较：预算通过后行政权是否能够追加支出？
（占样本比例，2007年）

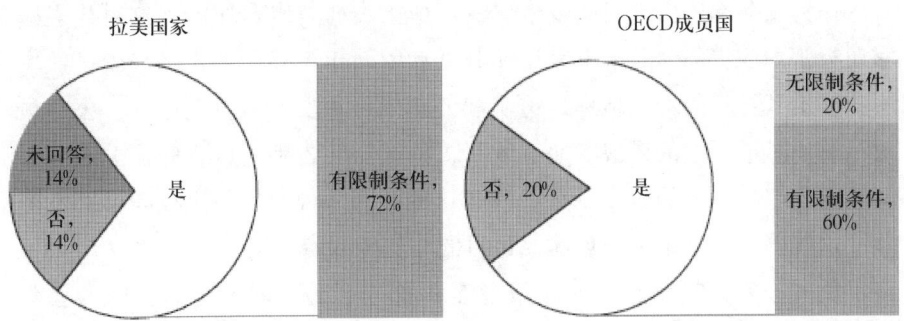

注：调查中涉及的拉美国家包括阿根廷、巴西、智利、哥斯达黎加、墨西哥、秘

鲁和委内瑞拉

资料来源：OECD组织国际预算实践和程序数据库2005和2007年数据。
http://dx.doi.org/19.1787/888932510466

针对目前预算决策过程中依据不足的情况，各国需要深化建设绩效和目标导向的预算管理体制。只有少数拉美国家对预算数据的经济前提进行了详细分析，并逐年对长期财政状况进行预测评估。从立法部门看，议会通常缺乏审查行政部门提出的预算案所需的专门技术支持，从而助长了庇护关系。各国需要加强财政部以及公共支出执行部门的决策和分析能力。这有助于推动相关改革，使预算管理决策更加依靠明晰的证据，而不是事无巨细的管理。上述措施也将有利于预算改革思维方式的转变。各国应通过建立中期预算框架、扩大支出执行部门的灵活性，以及加强为预算和支出透明度确立依据的财政责任法等措施，将改革建立在效率提高的基础之上。

在进行以实现发展目标为目的的预算规划和管理时，各国应考虑到拉美特有的挑战以及体制特点。鉴于与OECD成员国相比，拉美各国政府更加注重执行各项公共计划和投资，各国在进行预算管理时，就应该加强战略规划与投资计划之间的联系，加大绩效评估的力度。总之，各国在这一领域面临的挑战包括如何实现共同的横向目标、推动整体战略机制规划，以及在公共支出关键领域建立绩效和管理规则[10]。

（二）从公共部门就业到公务员队伍的职业化

作为服务部门的政府主要依靠其组成人员履行自身职能。这对代表国家履行基本职责的公务人员来说尤其如此。对于上述公务人员来说，效率不应成为其行为的惟一指标，透明和公正同样重要。就拉美而言，公务员改革提出了最严峻的挑战。通过改革，各国需要告别充斥着庇护关系和公共管理部门政治化的历史。对于OECD成员国来说，这一挑战同样并不陌生。这些国家在上个世纪也建立过目的相似的政府机构。

负责公务员制度改革的决策者需要首先明确：国家需要怎样的公务员？哪些是激励公务员的要素？为解决公务员制度中存在的问题，许多拉美国家已经开始使用现代的管理手段，包括绩效薪酬、公共管理高级岗位特别制度和专门执行机构等。然而，决策者需要保证这些手段能够对症下药，并符合各国的实际情况。

在设计改革过程及手段之前，决策者应该区分至少四种类型的公务人员：职业官僚、服务提供者、公共代理人和后勤支持人员。为保证上述分类的有效性，需要针对各种类别的公务人员设计不同的法律及合同框架。鉴于拉美各国在这方面的情况差异显著，各国可以通过劳动合同领域的转型推动公务员制度改革。

为加强公务人员能力建设，使其满足工作单位的要求，需要对相关激励手段有所了解。相关研究显示，公共部门雇员的工作目的与私人部门员工不同。许多人进入政府工作的原因是岗位性质和职业发展前景。尽管这并不能成为减少公务人员薪酬的理由，但却证明包括职业规划、绩效评估、培训、再任职、鼓励和职业流动等内容在内的激励措施至少与绩效薪酬等制度同样有效。

公共部门人力资源管理的核心支柱在于集体目标、个人能力和良好工作表现之间的稳固联系。为落实这一联系，各国应该设计包括雇用、工作规划、评估、奖励、晋升和退出等内容在内的详细制度安排。这当然还需要对个人激励要素和劳动力市场条件进行不断的研究。上述安排也意味着程序和制度的优先性。而这也正是拉美所一贯缺乏的。

(三) 吸收各方参与

为提高公共服务的有效性和效率，政府应该将自身的投入、政策和知识与包括非政府部门、地方管理机构和公共产品私人供应商在内的各参与方的努力结合起来。政府的支持有助于引入激励机制，提高效率，扩大用户选择范围，提出改进公共服务质量的方法和建议。此外，致力于创新并愿意承担风险的私人部门或非营利组织也可以为政府部门提供替代选项。

虽然各国程度差别显著，但公共管理过程中市场机制的作用不断增加。推动这一现象出现的是各国政府保障项目收益的需求。一些市场机制，如票证凭据等，以扩大用户服务选项为主要目标。

非政府运营方提供的公共服务使用资料十分匮乏。与OECD组织的其它成员国相比，墨西哥和智利这两个拉美成员国使用服务外包的程度显著较少。两国产品和服务外包比重分别为22.9%和33.1%，显著低于OECD组织42.8%的平均水平（见图2.5）。

图2.5 OECD国家：2009年公共部门外包产品和服务占总开支的比重（百分比）

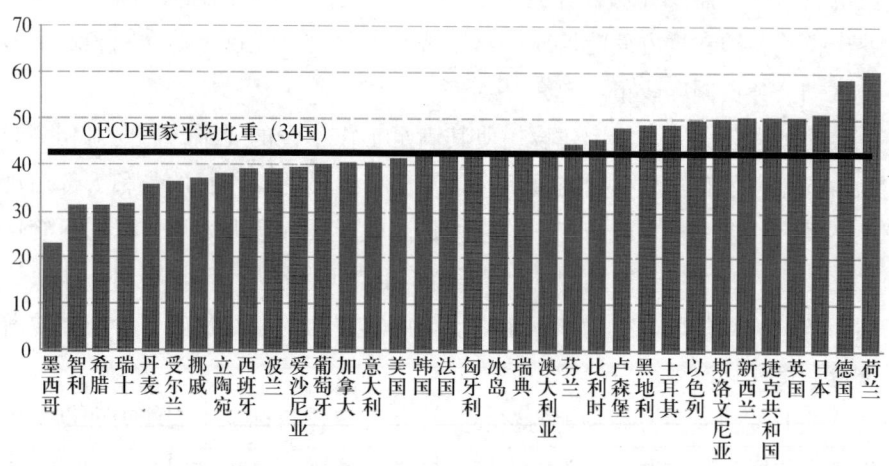

注：澳大利亚、韩国、日本和新西兰的数据为2008年数据

资料来源：OECD国别财会统计数据库。澳大利亚的数据来自国际货币基金组织政府财政数据库数据和澳大利亚国家统计局。http://dx.doi.org/10.1787/888932510485

由于外包更多使用市场机制和公私合营的方法，这种模式提供了公共服务供应的新途径和方式。此外，拉美大部分国家公共支出指标较低的现实为建立公私部门联盟提供了新机遇。这有利于吸引更多的私人资本和专业知识，可以更好地进行风险管理。

公私部门联盟十分复杂，涉及到政府部门的一系列职能。例如，需要建立公共部门收益评估体系，并通过透明和连贯的规则对非量化指标进行评估。此外，这种模式还需要将风险分类和评估交由专业人士进行，采用明晰的预算和财会规则。这就需要政府成立专门的部门来负责各种公私联盟计划。

引入市场机制之后，拉美各国政府就面临着服务接受方和供应方角色

分离而带来的巨大管理挑战。各国政府需要有能力了解需要引入何种服务和技术。这对新技能和公共部门思维转变提出了要求。此外，使用市场机制对政府提供服务的模式进行补充也在问责、透明度、监管和社会赔偿机制等方面提出了新问题。

除市场机制之外，政府也可以通过与公民个人以及民间社会合作来增加公共产品供应，提高服务效率。此类措施仍然有待进一步研究。一些拉美国家在这方面也做出了新的尝试。例如，巴西为改善东北部地区供水问题，就在政府、公共机构、民间社会和私人部门组织之间建立了联盟。这一联盟对巴西东北部圣弗朗西斯科河流域一体化过程中出现的社会问题进行统一决策。这一机制将卫生、教育、河流治理基础设施和灌溉等内容纳入当地经济社会发展规划，减少了当地居民对建设水利项目的抵触。

（四）通过使用新技术提高活力和应对能力

信息和通讯新技术有助于增加公共部门的灵活性、活力和透明度。如果拉美国家能够充分发掘这些技术的潜力，就能够缩小与发达国家之间的差距。由于新技术往往要求新的架构与之相适应，各国通过建立更加面向用户的行政体制就能获得额外收益。这也是当前技术革命所蕴含的题中之义，为加速实现发展提供了新机遇。

近十年来，大部分 OECD 成员国推动了电子政务战略的发展，并建立了配套设施。这是一个处于变动中的目标。移动技术具有激发第二轮创新浪潮的潜力，这将使公共部门议程变得更加灵活和具有活力[11]。变革的目标在于改善信息获取、减少纸面办公和促进公共服务的便利化。电子政务不仅限于实现现有程序的信息化处理，而是更加关注行政转型，使得公众和用户能够方便地获得公开信息，同时通过对行政部门的合理化重组实现新技术优势的最大化。此外，通过相互联网的公共资料系统，各个政府部门可以不再重复要求民众提供相同的资料信息。

总体而言，电子政务的发展与信息和通讯技术和电信设备（如移动设备和电话等）以及互联网的发展密不可分。尽管拉美各国已经根据各自能力建设了相关的基础设施，但各国只有通过更大的经济发展才能在这一领域取得更多进步。各国在制定弥补该领域存在不足的战略时，应考虑到巨大收入差距及其对数字鸿沟产生的影响，为弱势群体提供帮助。

雄心勃勃的电子政务计划要求各国在以下方面采取行动：加强公共部门推动就业和新技术传播的能力；公共服务供应的现代化；利用端对端平台技术；修改法律和监管规则，促进包括电子签名在内的电子程序的发展；用户认证程序开发等。通过电子投票和电子司法等方式，电子政务还具有加强民主和法治建设的潜力。

一些拉美国家积极开展了电子政务建设。电子政务为地区各国打开了通向新机遇的窗口。移动电子服务的普及甚至使最低收入的人群都可以享受到新技术的便利。然而，宽带网络的建设对于应用包括用户间互动交易等内容在内的高级电子政务程序来说必不可少。

图2.6 拉美和加勒比、OECD成员国和其它新兴国家比较：
电子政务指数和人均GDP
（2008年）

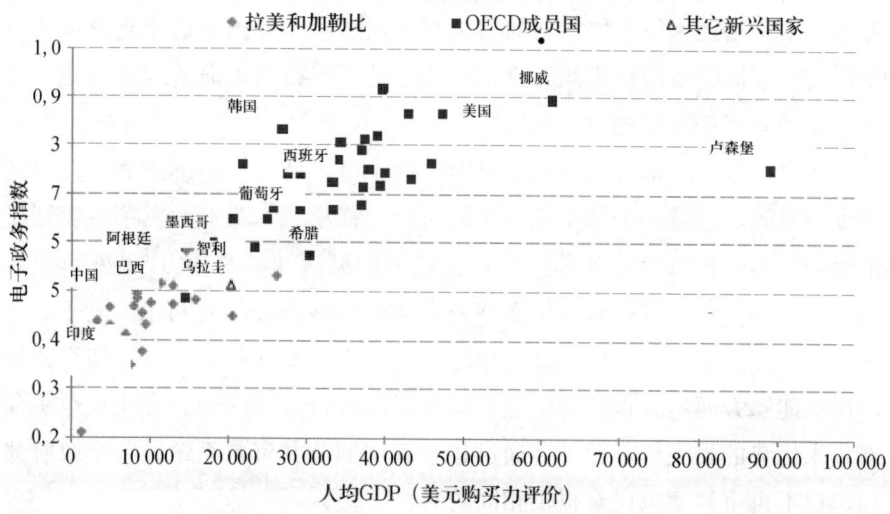

资料来源：电子政务指数数据来自：《联合国全球电子政务调查2008：从电子政务到电子治理》，联合国经社事务部，纽约；GDP数据来自世界银行各国发展指数数据库。http://dx.doi.org/10.1787/888932510504

第二章 面向发展的公共管理

> **专栏2.3　拉美建设好政府和信息社会的移动通讯技术**
>
> 巴西：通过短信发送就业信息服务（CELEPAR）可以向在政府登记的符合条件的申请人提供岗位空缺信息，并提前24小时通知面试时间。
>
> 墨西哥：在墨西哥城，短信服务系统将会向位于特定区域的居民发送提醒短信，警示该区域的气象风险、降雨、低温、可能发生的自然灾害以及紧急区域等信息，并提供联系方式。
>
> 此外，墨西哥城的居民还可以通过 ESCUCHA DHM. 网站向市长表达自己的不满。该项服务允许公众就政府服务、项目和官员进行投诉，就政府新出台政策表达意见，对新计划提出疑问，并举报腐败和非法致富行为。
>
> 委内瑞拉玻利瓦尔共和国：2006年总统大选时，近800万选民通过手机短信方式投票。780万选民使用了为1600万登记选民提供短信咨询服务的平台。国家选举委员会还通过短信向35万名观察员提供了获取选举数据的时间和地点信息。
>
> 资料来源：改编自OECD报告（2011c）；《移动政府：移动通讯技术对政府反应能力和信息社会的影响》。该报告系OECD、国际电信联盟和联合国经社署联合编制

拉美地区各国在这一领域有理由感到乐观。阿根廷、智利、墨西哥和乌拉圭等国在电子政务设施建设上已经取得了相当的进展，甚至可以和OECD一些成员国目前的发展水平相媲美。

（五）通过建设公开和透明的政府改善对公共部门的信任

提高透明度要求向民众公开政府信息，接受全社会监督。将政府信息置于公众视野之下，使公众可以对相关信息进行审查、分析，甚至将其作为控告政府的依据不失为一种民主的做法。各国应推动问责，向民众提供政府活动的信息。

保证政府活动透明度的一个必要条件是，社会各界应该了解公共资金的用途和管理结果。一项反映预算透明程度的国际指标是国际预算合作组

织（IBP）进行的预算公开问卷调查。这是一项针对预算透明度和问责情况独立进行的比较研究。研究的基础是包括公众获取预算信息情况、社会对预算过程的参与，以及监督机构向行政部门问责的能力等内容在内的调查问卷。国际预算合作组织最近的数据（2010 年）反映出各国之间存在的巨大差异。尽管各国在预算透明领域取得了一些进步，但仍仍面临着巨大的挑战。

获取和使用公共信息方式的改变也改变了公众与政府之间的互动方式。数量众多的信息应用方式增加了政府计划的附加值，有助于民众和政府部门共同决策[12]。

变革的新浪潮将给拉美国家带来巨大的影响。它超越了单纯的程序简化和管理透明度的增加。目前这一领域最突出的挑战是如何切实而具体的引导民众，从信息公开中受益。

对于拉美国家而言，防止腐败风险是一项基础任务。在这一领域，不存在唯一的补救措施。各国可以利用各种公私手段来降低腐败风险。针对这一问题，各国需要采取多领域视角，推动信息公开和扩大透明度，促进信息传播，合理化梳理内部规章，消除易于滋生随意性的权力领域。在政府采购的全过程中，保持相当程度的透明度是减少公共资金贪污和违规使用的关键。这些措施使用频率高，正在拉美地区不断推广。

现有信息表明，包括巴西、智利和墨西哥在内的拉美各国正在采取提高透明度和加强廉政建设的措施。智利政府在信息传播方面发挥了积极的作用，推动了预算文件和审计报告的公开，并公布了官员工资情况。此外，智利还通过包括门户网在内的多种渠道，公开了社会项目受益人的姓名资料。

智利和墨西哥用于政府采购的资金分别占 GDP 的 5% 和 6%。这两个国家通过政府主要网站公布了与政府采购有关的信息。拉美各国还希望通过包括总审计署在内的监督管理机制来解决相关问题。智利在这方面已经走得很远，公布了采购中标的理由，并允许民众在线跟踪采购支出情况。OECD 成员国中，采取上述两项措施的国家所占比例分别为 59% 和 32%[13]。墨西哥设立了可以查询全国大部分政府采购信息的网站，以尽可能促进交易的达成。该国还允许在线跟踪政府采购支出情况。巴西则设立了联邦政府采购信息和联邦公共部门信息公开等门户站。这些门户网目前采取合并运行的方式，向公众提供信息。与智利一样，巴西也允许公众跟踪采购支出的情况。下一步计划是规定负责决策的高级官员公布利益冲突信息的义务。

专栏 2.4　提高公共管理的透明度：巴西联邦政府的案例

近十年来，巴西联邦政府采取了一系列措施，以推动廉政建设，预防腐败行为。这些措施主要集中在以下三个方面：（1）增加公共政策的透明度和公众参与度；（2）在提供公共服务时，引入基于风险评估的内部控制机制；（3）设立高标准的公务员行为准则。

政府在信息公开门户网上免费向公众提供关于政府公共政策和项目资金支出的信息。这提高了公共政策的透明度和公众的参与度。此外，巴西规定所有联邦公共机构有义务通过公众服务信函的方式，公开包含所提供服务类型、获得该服务的程序以及服务标准等内容的信息。政府还通过增加公民意见调查单位的数量加强了公共政策监督过程中的公民参与。公民意见调查单位的数量从 2002 年的 40 家增加至 2010 年的接近 160 家。

政府还在提供服务的过程中引入了内部控制机制。例如，政府加强了对由非公组织提供公共服务的事前和事后监督，规定计划外采购产品和服务要使用公务信用卡等。

为促进公务员行为符合高标准要求，巴西制定了公务员行为守则及其它辅导材料，并通过学习班进行宣讲。此外，政府还通过外部审计等技术手段对公务员的行为进行监督，确定可能存在利益冲突和非法致富的情形。此外，联邦政府还加强了对违反廉政行为和不良行政行为的内部调查，提高了调查的质量、速度和力度。

资料来源：根据 OECD（2011a）报告改编

注 释

1. OECD（2011e）

2. De la Cruz, R., C. Pineda 和 C. Pöschl（2010）

3. 绝大多数公民支持地区所有国家实行的民主制度。在 ECLAC 拥有数据的国家，普遍的观念是民主达到了较高的水平（CEPALSTAT 2010）

4. 见 OECD（2010）

5. 来自拉丁美洲民意调查项目拉美晴雨表的数据

6. 见透明国际组织的腐败感受指数（CPI）2010，http://www.transparency.org/plicy_research/surveys_indices/cpi/2010/results

7. 本节内容主要来自 OECD 相关报告（2006 和 2011b）

8. 许多此方面的内容已经反映在于 2010 年在威尼斯召开的 OECD 公共治理委员会部长级会议的结论中。

9. ECLAC（2010）

10. ILPES（2011）

11. Martner（2008），ECLAC（2011）

12. OECD（2011c）

13. Naser 和 Concha（2011）

14. OECD（2011e）

参考文献

[1] ECLAC (Comisión Económica para América Latina y el Caribe) (2010), La hora de la igualdad. Brechas por cerrar, caminos por abrir. Trigésimo tercer periodo de sesiones de la CEPA L. Brasilia, 30 de mayo a 1 de junio de 2010, (LC/G. 2432 (SES. 33/3)), CEPA L, Santiago.

[2] Dayton – Johnson, J. , J. Londoño y S. Nieto Parra (2011), "The Process of Reform in Latin America: A Review Essay", OECD Development Centre Working Paper, No. 304, París.

[3] De la Cruz, R. , C. Pineda y C. Pöschl (editores) (2010), La alternativa local. Descentralización y desarrollo económico, Banco Interamericano de Desarrollo (BID) (http://idbdocs. iadb. org/) .

Johannsen, J. , L. Tejerina y A. Glassman (2009), Conditional Cash Transfers in Latin America: Problems and Opportunities, Inter – American Development Bank, Washington, D. C.

[4] ILPES (Instituto Latinoamericano y del Caribe de Planificación Económica y Social) y ECLAC (2011), Panorama de la gestión pública en América Latina. En la hora de la igualdad, Naciones Unidas.

[5] Martner, R. (ed.) (2008), Planificar y presupuestar en América Latina, Serie Seminarios y Conferencias, No. 51, (LC/L. 2859 – P), ILPES/CEPA L, Santiago de Chile.

[6] Naser, A. y G. Concha (2011), El gobierno electrónico en la gestión pública, Comisión Económica para América Latina y el Caribe (CEPA L), Instituto Latinoamericano y del Caribe de Planificación Económica y Social (ILPES), LC/L. 3313 – P y LC/IP/L. 308, Serie Gestión Pública, No. 73, Santiago de Chile.

[7] OECD (2006), La modernización del Estado: el camino a seguir, Estudios y Documentos, OECD, Instituto Nacional de Administración Pública (edición en español), Madrid.

[8] OECD (2011a), OECD Public Governance Reviews: Public Sector Integrity in Brazil, Managing Risks for a Cleaner Public Service, OECD Publishing, París.

[9] OECD (2011b), Conclusiones, Reunión del Comité de Gobernanza Pública de la OECD a nivel Ministerial. Disponible en: www. oecd. org/governance/ministerial2010

[10] OECD (2011c), M – Gobierno: tecnologías móviles para gobiernos con capacidad de respuesta y sociedades conectadas. Informe conjunto de OECD, Unión Internacional para las Telecomunicaciones y Departamento de Asuntos Económicos y Sociales, Naciones Unidas (próxima publicación).

[11] OECD (2011d), Government at a Glance, Second Edition. París, OECD.

[12] OECD (2011e), Perspectivas económicas de América Latina. En qué medida es clase media América Latina, OECD Development Centre, París.

[13] United Nations (2008), UN Global E – Government Survey 2008. From E – Government to Connected Governance, Department of Economic and Social Affairs, Naciones Unidas, New York.

[14] Australian Bureau of Statistics. Barómetro de las Américas del Proyecto de Opinión Pública de América Latina (LAPOP), disponible en: http://lapop.ccp.ucr.ac.cr/

[15] CEPA LSTAT (2010), CEPA L, disponible en: http://www.eclac.org/estadisticas/

[16] FMI (Fondo Monetario Internacional), Government Finance Statistics IMF.

[17] IPSOS Mori Global Advisor, disponible en: http://www.ipsos – mori.com/

[18] Laborsta data base, International Labour Office (ILO), disponible en: http://laborsta.ilo.org/

[19] OECD, Base de datos sobre las Prácticas y Procedimientos Presupuestarios Internacionales.

[20] OECD, National Accounts Statistics Database.

[21] World Bank, World Development Indicators, base de datos.

第三章 财政政策改革

概 要

最近20年间,拉丁美洲和加勒比地区各国在其公共财政领域取得了显著的进步。财政收入的增加使得各国能够减少债务,增加生产性投资和在各种反贫困项目上的支出。最近的这次经济危机也没有中断上述进步,因为在经济繁荣的几年里积累的财政空间,使得各国能够实施同经济合作与发展组织各成员国相似的财政刺激计划。

但是,本地区在财政领域仍面临个人直接税税率较低、公共支出针对性有限和转移支付规模较小等多项艰巨的挑战。而这些挑战也解释了为什么公共财政政策在调整收入再分配方面作用有限。在拉美的大多数国家里,较低的财政收入水平成为了现代国家发展的桎梏。

本地区财政制度的完善也许将有助于应对这些挑战。在本章中,凸显出建立透明的财政统计和稳定、持续并能确保实现中长期目标的财政体制框架的必要性。而这一切也许要围绕着建立一个使民众更信任各自政府的财政约定来构建。

前 言

在最近20年中,拉丁美洲和加勒比地区在公共财政领域取得的进步是显著的,尽管仍存在一些深层次的挑战,但最近这次经济危机没有中断这些进步。公共债务水平有所下降,财政收入不断增加,这使得预算捉襟见肘的局面有所缓解,财政空间得到扩展。但是,各国间和各国内部在社会项目和支持生产方面支出差距十分明显。这反映出各国不同的制度设计和在医疗、教育、失业保障、养老金和基础设施建设上覆盖率的不足。

本章将介绍公共财政的主要趋势（第二节）及其最新进展。这些进展使得公共支付有所增加，有助于减少拉美和加勒比地区的贫困，尽管相对于其他地区，拉美地区在个人收入分配方面的不平等程度仍要高出不少。由于个人直接税税率较低，公共支出针对性有限，以及直接向最贫困家庭进行的转移支付规模较小，各项公共财政政策进行收入再分配的作用有限（第三节）。除了主要存在于南美洲的个别情况外，在大多数拉美国家中，财政收入不足成为发展一个提供必要产品和服务以促进经济增长、并减少不平等现象的现代国家的重要障碍。税收的不足（因偷税和非正规经济较为普遍、税收支出较多造成）反映出本地区国家和民众间存在的社会契约较弱。为了恢复民众的信任和国家的调节作用，有必要通过达成一个旨在解决各种长期和短期经济社会挑战的财政约定，来建立一个较强的社会契约。文中还指出了如何获取各种资源来实现这一目标（第四节）。

在收入差距最大的国家中，财政政策的再分配作用应当进一步得到强化。在 OECD 大多数成员国中，通过向低收入阶层进行数额可观的转移支付，并采用各种累进的税收体制，财政政策能够显著降低收入差距。在拉美各国中，财政政策还应该减少各种地区间的收入差距（在阿根廷和巴西等联邦制国家和哥伦比亚等分权的单一制国家中都存在），以及不同性别间和代际间的收入差距。为了实现上述目标，可以考虑强化各种面向低收入人群的转移支付项目（参照巴西和墨西哥实施有条件的医疗或教育项目的有益实践），强化社会保障体系，特别是养老金方面（需加入避免加剧非正规就业的设计）社会救助的基本作用，并实施发展基础设施、创新和教育的稳定政策。还应该尽量在这些救助性的项目基础上，发展更加完善的社会保障网络，以降低民众面对失业、疾病或退休时的脆弱性。

国家需要定期获得稳定的资源来履行其各项职能。有必要加强宏观经济自动和自主稳定的能力，以及对各类经济调控的能力；扩大各税税基，特别是所得税和财产税的税基，同时减少各种偷税、避税和免税的情况；加强税务管理能力。还有必要评估环境税等旨在提高税收的财政领域的各种新提议。

拉美和加勒比地区和 OECD 成员国间的财政资金状况的差距十分明显。尽管在这方面地区各国间情况千差万别（按产值衡量，南锥地区国家的税收状况同经济合作与发展组织成员国间的平均状况相似，而在中美洲和加勒比地区各种税率相对较低），但其总体税负不高，税收结构侧重于各种非累进制税种，且不履行纳税义务的情况较为普遍。

同 OECD 各成员国相比，本地区各国在税收方面的主要区别来自于个人所得税所贡献的比重较小，而个人所得税税基较窄则是由以下因素相互作用造成的：收入分配方面的严重不平等、非正规就业普遍、税收支出种类繁多、税收负担高度集中于各工薪阶层、税务管理薄弱、偷税行为猖獗和纳税积极性低。然而，根据"拉美晴雨表组织"的一项民意调查，获得较高质量的医疗和教育服务的拉美民众较少为偷税行为开脱，其中认为税负过重的比例也较低。为了消除这一鸿沟，应当加强税务管理能力，扩大所得税的税基并提高公共服务质量。

通过税收豁免、税收扣除和优惠税率等方式实施的大规模的税式支出限制了税基的扩大。有必要对现存的各种税式支出的实际效果进行量化和技术评估。其中部分税收支出应当可以依据效率原则以及政府财政收入和支出部门间的相对管理能力，转化为更加透明的支出政策。

国家要发挥调控作用，需要具备能够计划和协调各种政策、方案和项目的强有力的工具。应当在各项财政规则和中期财政体制框架的基础上，加强制度化建设，建立更加透明的责任制度，具备政策和项目评估机制以及全国性的公共投资体系。作为补充，还应当通过发展一支训练有素、激励当得的专业公务员队伍，强化人力资源建设。

对本地区各国来说，一项艰巨的挑战就是重新赢回民众的信任。在这方面，建立一个能够强化民众与国家间社会契约的财政约定是最基本的。这一约定可以是全局性的，也可以集中于某一个领域，如教育、就业、社会保障或基础设施建设，还可以围绕某个具有号召力的理念，如平等、民众安全，或者消除贫困或饥饿，进行构建。而在构建这一约定，确立各项公共政策并将其纳入预算方面，在商讨各种税收政策改革以改善税收体制方面,立法机构应发挥核心作用。

拉美地区公共财政的主要趋势

尽管受到当前危机的影响,但最近十年中拉美地区在公共财政领域取得进步是显而易见的。公共支出的效率有所提高,特别是在减少贫困和改善收入再分配方面更是成效显著。财政收入的增长和公共债务的减少使这一切成为可能。公共债务不仅占国内生产总值的比重有所下降(20世纪从90年代初的80%下降到近年来的30%),而且其构成也有所变化,国内部分不断增加(见图3.1A)。在21世纪的第一个十年中,拉美地区几乎所有国家在投资和社会支出方面都取得了同样显著的增长。

图3.1 拉丁美洲和加勒比地区(19个国家):财政空间的增加,1990—2010

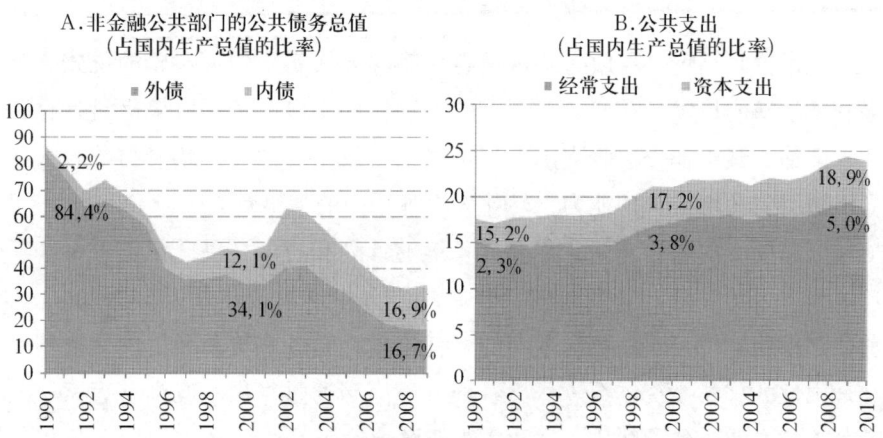

注:拉丁美洲和加勒比地区的简单平均数。共同支出的平均值中不包括古巴。
资料来源:根据拉美经委会统计数据库的统计数据和经济指数制作。http://dx.doi.org/10.1787/888932510542

在最近的一个经济扩张阶段(2003—2008年)中,初级财政的顺差使得拉美地区各国的公共债务占其国内生产总值的比重有所下降,而这也得益于经济增长和各种主动调节，在较小的程度上也受到各国货币升值和利率下调的影响。这一时期的一个特点是各国通过自主实施各种政策并利用各项规则[1]，普遍大幅降低公共负债率。这不仅使得各国能够以更好的条件应对此次危机，也是解释为什么 2010 年和 2011 年拉美地区经济充满活力的一个因素。

同 OECD 大多数成员国的情况截然相反，2008 年国际金融危机后，本地区公共赤字的增加并没有提高总的公共债务占国内生产总值的比重。这一赤字大部分是用现有的金融资产来填补的。尽管此次危机使公共部门资产平衡状况恶化，但普遍认为财政收入将很快恢复，至少在南美洲大部分国家是这样。

随着各类财政收入的增加，1990 年以来拉美大多数国家的公共开支也得到增长，地区平均支出占国内生产总值的比率上升了 6 个百分点（见图 3.1B）。资本支出从 1990 年一个很低的基础上（占国内生产总值的 2%）开始迅速增长，到 2009 年在拉美地区已占到国内生产总值的 5%。在经常性支出方面，公共债务利息支出占总支出的地区平均比率已经从 15% 降至 7%。这反映出债务总额的缩减，以及在还款期和借债成本方面出现的积极变化。这使得各国预算捉襟见肘的情况有所缓解，由此也扩大了财政空间。

鉴于本地区在基础设施建设方面的差距，公共投资可以看作衡量支出质量的一个重要指标。与 1990 年相比，玻利维亚（多民族国）、智利、厄瓜多尔、巴拿马和秘鲁的资本支出水平得到了明显的恢复。在这些国家中一个新的挑战就是如何评估这一投资支出的质量和效果。为了应对这一挑战，在这些国家中各种全国性的公共投资体系发挥了举足轻重的作用。与此相对应，哥伦比亚、哥斯达黎加、海地、多米尼加共和国、墨西哥和乌拉圭却经历了一个去投资，或此类支出增速减缓的过程，尽管这些国家的发展计划中加入了有望扭转这一趋势的未来几年扩大公共基础设施建设的雄心勃勃的目标。

各国间公共社会支出水平的差距仍然很大（见图 3.2），这反映出各国在提供公共产品和公共服务，特别是养老金和医疗服务方面模式的多样性，也反映出部分国家基本公共产品的覆盖率很低。但从增量角度来看，本地区在这方面取得了显著进步，平均支出的增幅超过国内生产总值的5个百分点。[2]

图3.2 拉丁美洲和加勒比地区各国同经济合作与发展组织成员国：按部门划分的社会支出结构，2008[ab]

（占国内生产总值的比率）

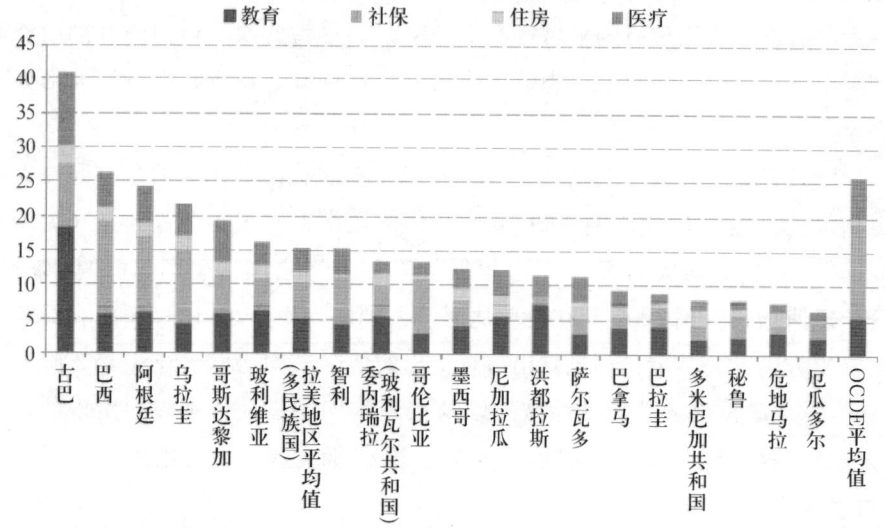

注：

a 在阿根廷、玻利维亚（多民族国）和巴西为非金融公共部门机构覆盖部分的支出，在哥斯达黎加和秘鲁为整个公共部门的支出，在智利、哥伦比亚、古巴、厄瓜多尔、萨尔瓦多、危地马拉、洪都拉斯、巴拿马和多米尼加共和国为中央政府支出，在乌拉圭为中央政府的实际支出，在墨西哥、尼加拉瓜、巴拉圭和委内瑞拉（玻利瓦尔共和国）为中央政府预算支出。

b 所能获得的相关国家的最新数据：阿根廷（2007）、玻利维亚（多民族国）（2006）、厄瓜多尔（2006）、萨尔瓦多（2007）、洪都拉斯（2006）、巴拿马（2007）、多米尼加共和国（2007）、委内瑞拉（玻利瓦尔共和国）（2006）

资料来源：根据拉美经委会统计数据库统计数据和社会指数，以及经济合作与发展组织成员国账户数据制作。http://dx.doi.org/10.1787/888932510561

尽管本地区各国的地方支出占国内生产总值的比率仅为OECD成员国

的近一半（分别占国内生产总值的9.5%和18.6%），但各地方自主收入十分有限（图3.3），这导致了各级政府间财政的严重不平衡。在许多国家，各州、各省、各地区和各市严重依赖中央政府的转移支付。在人均收入方面，各地区间也存在很大的差距，这也反映出同级各地区间深层的不平衡。然而，同OECD许多成员国现行机制形成鲜明对比的是，拉美地区各种金融补偿机制的作用十分有限，因此地区间的差距得不到缩小。

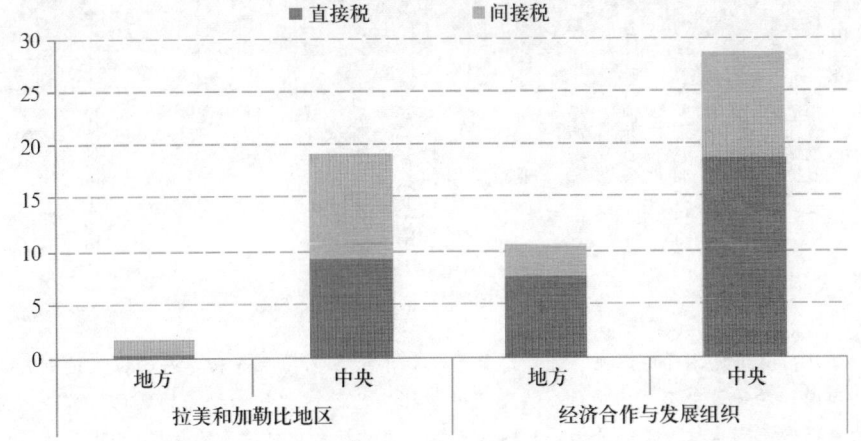

图3.3 拉丁美洲和加勒比地区同经济合作与发展组织：
按政府级别和税种划分的税收状况，2008
（占国内生产总值的比率）

资料来源：根据拉美经委会－国际热带农业中心和经济合作与发展组织的拉美收入统计数据库数据制作

http://dx.doi.org/10.1787/888932510580

在财政方面，拉丁美洲和加勒比地区面临多个严峻挑战：总体税负较低，税收结构侧重于非累进制税种，不照章缴纳税款的情况较为普遍[3]。同OECD各成员国相比，在本地区的大部分国家中，现行的税负水平限制了财政政策通过财政支出发挥作用的能力（见图3.4）。在这方面，并不存在适用于所有国家的范式[4]。例如，在危地马拉、秘鲁和多米尼加共和国，较低的税负限制了公共支出的增加；而在阿根廷和巴西等经济体中，着力提高支出的针对性和效率似乎更为重要。

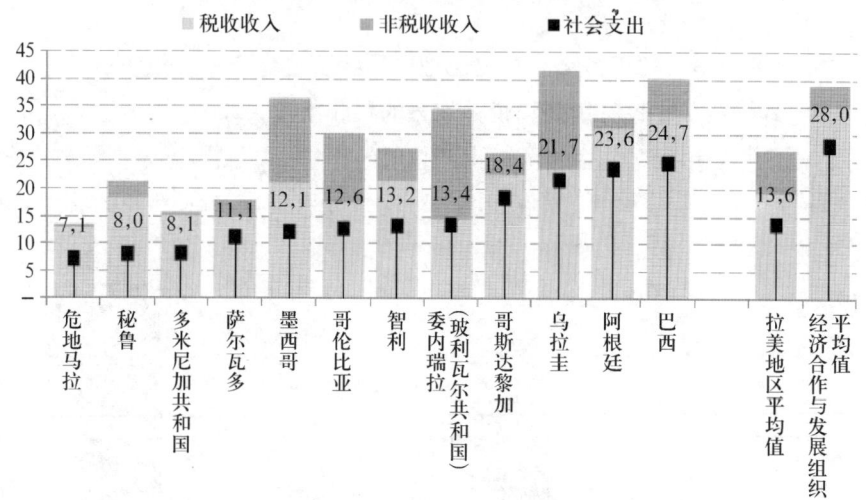

图 3.4 拉丁美洲和经济合作与发展组织：公共税收收入、非税收收入以及社会支出，2008
（占国内生产总值的比率）

注：阿根廷、哥伦比亚、哥斯达黎加、萨尔瓦多、墨西哥和委内瑞拉（玻利瓦尔共和国）的统计数据系非金融公共部门的数据；巴西、智利和秘鲁的数据系各级政府的数据；危地马拉、多米尼加共和国和乌拉圭的数据系中央政府的数据。b) 墨西哥的税收收入包括几项来自油气生产的收入。

资料来源：根据拉美经委会统计数据库和拉美经委会－国际热带农业中心－经济合作与发展组织的拉美收入统计数据库的有关数据制作

http://dx.doi.org/10.1787/888932510599

拉丁美洲和加勒比地区相对于 OECD 成员国较低的税负水平，不应仅仅解释为其发展水平较低。较为发达的国家往往倾向于设立一个相对更庞大的公共部门和相对较重的税负。但是，围绕所谓的发展水平进行的多种研究中反映出，本地区各国的潜在税收数额远高于实际税收数额[5]。

而解释这一现象的原因包括，各种与初级产品相关的生产活动所占的地位重要（这些活动产生的非税收公共收入可能使得加大税收力度不是那么必要），劳动力市场的非正规就业水平较高，偷税以及医疗和养老金改革的不同方案设计（养老金改革对个人所得税的征收和职工社会保险的缴纳产生了显著的影响）。

专栏3.1 拉丁美洲的税收统计

将拉美各国的税收体制同 OECD 各成员国的相比，可以发现双方在税收水平和结构方面存在着较大的差异。2008 年，OECD 成员国的税收占国内生产总值比率为 34.8%，而在所选取的一组拉美国家中，该比率平均为 20.6%。此外，同 OECD 相比，拉美地区征收的各种直接税较少，税收通过扩大各种非直接税收入来弥补。考虑到一国政府的政策空间与其财政收入的水平和结构密切相关，了解产生这一差异的各种原因可能有助于设计财政政策改革措施。

为了提供更好的统计数据以便进行国际比较，OECD 发展中心和税收政策与管理中心、拉丁美洲和加勒比地区经济委员会、税务管理美洲中心，以美洲开发银行为顾问，正在共同执行一个编制拉美地区税收统计数据的项目，以便使各国间的统计数据，以及 OECD 各成员国的统计数据能够相互比较。

该项目旨在提供拉美地区12个国家（阿根廷、巴西、智利、哥伦比亚、哥斯达黎加、萨尔瓦多、危地马拉、墨西哥、秘鲁、多米尼加共和国、乌拉圭、委内瑞拉玻利瓦尔共和国）1990 年至今的税收数据。上述数据按不同税种和政府级别划分，可以在国际范围内进行比较。所选的国家样本占拉美地区人口和国内生产总值的约 90%。这份研究中所获得的数据来自拉美各国政府的各类出版物，在一些情况下也来自参加此次统计的各组织的出版物。所获数据已经按照 OECD 出版的《收入统计》中所定义的方法进行编辑和再分类，使得对拉美国家间的税收体系进行可靠的比较成为可能，也使得对拉美国家和 OECD 成员国间税收体系进行首次可靠的比较成为可能。

设计新数据库过程中的主要任务就是收集税收信息，并通过确定每个税种的性质及其相应的分类，根据新的分析框架，对公共收入的每个栏目进行分配。着重分析了所涉各国财政体系的立法和规范框架，以便确定某一特殊类别的收入是否属于税收。如果确属于税收，则按照相应的财政基础进行分类。参与的各组织进行了详细的讨论，以便就使用相同的方法达成一致。此外，鉴于部分机构的覆盖面有限，还特别着力收集了各地方政府和各社保系统层面的数据。

此次研究建立了一个高质量的、内容详实并且可以进行国际比较的数据库。《拉丁美洲税收统计》的出版是OECD一个更大项目（拉丁美洲和加勒比地区倡议）的首批成果。这一倡议由西班牙、墨西哥和智利首先发起，旨在推动拉美各国间就各项政策及其评估进行对话。这一倡议在未来几年中的陆续实施（包括可能将税收统计扩大到地区的更多国家），一个平行的公共支出数据库和相关政策实施者间对话网络即将建立，将更加丰富拉美地区对财政政策的公共讨论。

在拉丁美洲只有不到三分之一的税收来自直接税，而大部分税收由消费税和其他间接税组成。拉美各国的平均税负实际上只是OECD成员国的一半。这一差异主要是由各种直接税（就收入和财产所征的税）税收占国内生产总值的比重较低造成的。平均来说，拉美各国的直接税税负占国内生产总值的比率较发达国家低了9个百分点。拉美地区的直接税税负（占国内生产总值的比率）甚至低于部分非洲国家当前的税负（见图3.5）。

拉美地区所征收的所得税大部分征自各类企业的所得。这同OECD成员国所得税主要征个人所得的情况大不相同。在企业所得税方面，拉美地区的征税力度接近发达国家平均水平（分别占国内生产总值的3.4%和3.9%）。而在个人所得税方面，拉美地区较OECD成员国有较大差距。在这方面，拉美各国从个人所得税中平均获得的财政收入仅占其国内生产总值的1.5%（根据现有信息，本地区从个人所得税中获得税收最多的国家乌拉圭，其收入也仅占国内生产总值的2.2%），与之相对应，OECD的各经济体中这一税收超过了国内生产总值的9%。

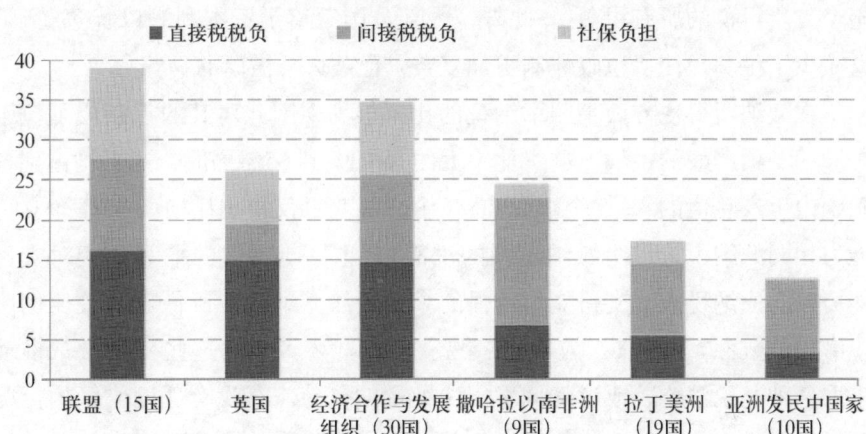

图 3.5 税负水平及结构的国际比较，近几年
（占国内生产总值的比率）

注：括号中的数字为所参考的国家的数目。所考察的年份为：经济合作与发展组织、欧盟和美国，2008；亚洲发展中国家，2004—2009；撒哈拉以南非洲，2002—2009；拉丁美洲，2009。

资料来源：经济合作与发展组织成员国：经济合作与发展组织统计数据库，亚洲发展中国家和撒哈拉以南非洲国家：世界货币基金组织政府财政统计数据库。拉美国家：根据各国官方数据计算。

http://dx.doi.org/10.1787/888932510618

由于收入分配十分不平衡、非正规就业和偷税现象普遍、税收支出种类繁多等一系列因素的存在，拉美地区的所得税税基十分有限。个人所得税主要征自工薪阶层，这主要是由于自由职业者偷税、避税的可能性更大，而资本利润在拉美大部分国家享有优惠待遇。这一情况显然也存在于OECD 的各经济体中，但一方面由于纳税人数更多（非正规就业较少）且对其监管力度更大，另一方面，较高的人均（或者家庭）收入使得更大比例的民众需要缴纳所得税，因此在发达经济体中这一情况得到一定缓解。

在拉丁美洲，除了墨西哥之外，大部分个人的收入都在个人所得税的最低起征点之下[6]。一般来说，当一个有劳动收入的家庭获得的收入超过全国平均收入的两倍时，这一家庭才成为个人所得税的净纳税人；而就

OECD 的平均情况来说，这一起征点约为上述收入的一半。这意味着，在拉丁美洲只有一小部分家庭（约占拥有劳动收入家庭的 10% 到 30%）承担个人所得税的所有税负[7]。此外，大部分国家给予资本利润以优惠待遇，这减少了税基，使得税收体制更加复杂，也破坏了横向的平等[8]。

在缴纳所得税方面不照章纳税的比率很高，因此对其的控制成了拉丁美洲的一项严峻的挑战。这一比率大约为 40% 到 65% 之间，这平均占到各国国内生产总值的 4—5 个百分点[9]。偷逃税款不仅影响横向的平等（支付能力相同的纳税人最终缴纳不同的税额），也影响纵向的平等（相对支付能力较弱的纳税人，支付能力较强的个人最终缴纳的税额低于其按比例所应缴纳的数额）。高收入人群更容易获得专业咨询，而这些咨询常常推动采取各种避税策略，或者降低不依法纳税的风险。在没有适度监管的情况下提高税率将有可能造成地下经济的盛行，因为企业和劳动者会从正规部门转移到非正规部门，这将使得政府获取资源变得更加困难。为了打击全球性日益明显的偷税现象，有必要在税收立法方面，以各级机构的对话为基础，加强透明化和国际合作。

由于推行各种私人养老金体系，且非正规就业普遍存在，本地区许多国家获得的社会保障的缴纳款十分有限。由于预见到人口老龄化将导致公共支出的增加以及多种体系并存导致的各种不平等现象，拉丁美洲普遍选择了对各种现收现付制养老金体系进行结构性改革，并引入了由私人部门经营的强制缴费的资本化个人账户。各体系中的制度差异对征收水平具有一定影响：在玻利维亚（多民族国）、智利、萨尔瓦多、墨西哥和多米尼加共和国采取了逐步替代的体系（在这些国家，原先的公共体系不再吸纳新的投保者以实现关闭），在哥伦比亚和秘鲁实施相互平行的体系（其中劳动者可以选择投保任何一个体系），在哥斯达黎加和乌拉圭实施混合体系（其中养老金来自上述两个体系）。在上述各种情况下，参加新体系的投保人将个人缴纳的款项投入一个养老金基金，而不是交给公共部门（在一些国家已经取消了企业缴纳的部分）。此外，这些账户的引入并没有像预期的那样转化为上述体系参与人数的增加，特别是没有增加受失业和非正规就业影响最大的中低收入阶层的参与[10]。

在拉丁美洲，税基和税收受到种类繁多的税收支出的限制，而对于这些支出，存在信息不足和缺乏技术评估的问题。根据官方估测，本地区各国间的税收支出差距很大。在一些国家税收支出占到国内生产总值的2%（如阿根廷和秘鲁），在另一些国家占国内生产总值的3%到5%（如巴西、智利、哥伦比亚和厄瓜多尔），而在墨西哥和危地马拉则分别占到5.4%和8.6%[11]，其水平和变动情况同OECD成员国的相仿。尽管上述税收支出最初是为了促进国内和外来投资，但随着时间的变化其目标更为多样化，税收减免也包括新的税种[12]。在巴西、危地马拉和墨西哥，可以发现税收支出主要集中在所得税上，而在阿根廷、哥伦比亚和厄瓜多尔，增值税的减免所占的比重更大。目前拉美地区正逐渐达成共识，认为有必要以国家间相互承认的方式确定和评估各类税收支出（包括对税种、经济活动部门、目标地区、政府层级和收入群体等进行足够的细化），评估其效果并将其纳入预算周期[13]。

近几十年来，拉丁美洲税收的增长来自对各种产品和服务所征的税（特别是增值税），以及对企业所得税征收额的提高（见图3.6）。在本地区的大多数经济体中，很早就采用增值税来替代重复征收的销售税。这也是1980年代和1990年代初最重要的财税改革。自2000年以来，由于初级产品价格的增长，除了增值税税收，来自所得税的收入也不断增长。在本地区的一些国家，初级产品价格的增长对与自然资源出口相关的税收产生了重要影响，对引入或发展针对小规模纳税人的简易办法以及在估算收入基础上征收财产税也产生了重要影响。与这一趋势形成对比的是，针对消费的各种特别税有所减少，这是商业自由化进程和需要缴纳特别税的商品和服务种类不断减少的结果。此外，在这一时期产生了一些建立在银行借款和贷款等特殊税基上的税种，以及金融交易税[14]。

近几年来，初级产品国际价格的增长对提高本地区几类财政收入产生了重要影响，主要是与石油有关的收入（如在哥伦比亚、厄瓜多尔、墨西哥和委内瑞拉），与矿产品有关的收入（如在智利和秘鲁），与食品有关的收入（如在阿根廷和秘鲁）。除此之外，新税制的实施也对上述财政资源的增加产生了一定作用。在农牧产品方面，阿根廷利用征收出口税获得的资源来负担其大部分开支。在其他国家，建立了旨在从不可再生资源出口的利润中获得更多税收的新税制。玻利维亚（多民族国）的油气资源及其衍生物直接税和特别利润税、智利的矿业活动税、厄瓜多尔的石油法修正法案、委内瑞拉玻利瓦尔共和国的石油行业税和石油矿区使用费的提高都属于上述情况。

图 3.6 拉丁美洲的税收结构和经济合作与发展组织的总税收，1990—2009
（占国内生产总值的比率）

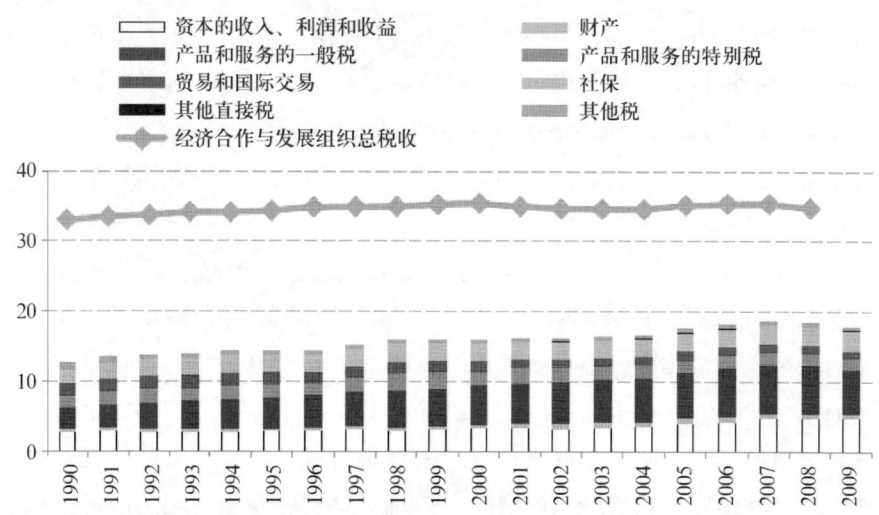

资料来源：根据拉美经委会统计数据库和经济合作与发展组织 1965—2009 收入统计（OECD, 2010）有关数据制作。
http://dx.doi.org/10.1787/888932510637

在税收水平方面，本地区各国间存在很大的差异。第一类国家（特别是南锥体国家）税收力度大，水平接近 OECD 成员国的平均值。第二类国家（主要是中美洲和加勒比国家）的税收水平相对较低。税负占国内生产总值的比率从海地的 9.2% 到巴西的 35.4%。以潜在的税收占人均国内生产总值的比重来衡量，墨西哥的情况十分突出，其税收仅为发展水平所应达到数值的一半不到。税负低于这一水平的其他国家还包括厄瓜多尔、危地马拉、巴拿马和委内瑞拉玻利瓦尔共和国。除了危地马拉，其他三个国家都有非税收收入（来自石油或者巴拿马运河）以部分补充这一低税负水平[15]。

然而，在税负结构方面，拉美和加勒比国家间的差异相对较小。在直接税方面，如果不考虑社会保险所缴纳的费用，墨西哥是本地区惟一一个60%的税收收入来自所得税的国家，但其增值税的征收水平（按占国内生产总值的比率计算）为本地区第二低。按直接税的重要性排列，紧随其后的所得税和财产税收入占税收总收入的40%到50%的国家包括智利、哥伦比亚、巴拿马、秘鲁和委内瑞拉玻利瓦尔共和国，以及侧重于自然资源出口的所有经济体，其中上述税种所占的较大比重是与从事此类活动的企业缴纳的所得税密切相关的。在另一端，直接税所占比重低于20%的国家包括本地区最贫困的国家巴拉圭和海地，而这一状况也限制了上述税种的有效税基。

拉美各国间经济活动和财富在地域分布上的差异，在很大程度上可以解释其在税收方面的差异。在最近几年中，同中央政府一样，各级地方政府也改善了其公共账户，取得了财政盈余并降低了债务水平。然而，这一改善与因自然资源价格和生产活动增加而不断增长的各政府间转移支付密切相关。从税收结构的角度来看，各级地方政府为自主获得税收而可能开发的的一个潜在领域就是地产税（针对不动产征税）。目前该税的征收额平均占本地区国内生产总值的0.4%左右，仅为发达国家征收额的五分之一。通过减少免税范围、取消税额优惠，采用新技术改善税收管理（比如在土地登记活动中，不断更新地产的价值和征税额）等方式，可以加大针对不动产的征税力度[16]。

财政政策与收入不平等

个人直接税征收水平低下，公共支出针对性有限和向最贫困家庭的直接转移支付规模不大解释了为什么本地区的公共财政在收入再分配方面所起的作用不大。拉丁美洲个人收入分配的不平等水平远高于世界其他地区，其平均基尼系数已达 0.53。拉美地区最为平等的国家仍比 OECD 的非拉美成员国、中东和北非地区的任何国家都要不平等。近期研究[17]表明，2000 年以来，由于社会支出的增加，特别是受有条件的转移支付项目（阿根廷的"户主计划"、巴西"学校津贴"和"家庭津贴"计划、墨西哥的"发展与机遇计划"和秘鲁的实物补贴项目）和学习年限的增加带来更高工资的影响，不平等的状况有了一定的改善。但是，学习年限增加带来的工资提高只是暂时的，而大部分公共支出仍然是中性的，或者甚至是倒退的。

拉丁美洲的税收结构并不利于公共财政发挥其再分配的作用。在本地区仍存在一个财政"空箱"的问题，而在最发达的国家这一"空箱"已被填补。因为拉美高税率国家（如阿根廷、巴西、乌拉圭），其税收组成同样侧重于非直接税[18]。从分配的角度来看，现有的对拉美地区三个国家（厄瓜多尔、危地马拉和巴拉圭）增值税和所得税的评估表明，第一种税主要是累退的；而第二种税是累进的，但其占税收的比例很小[19]。一般来说，在工业化国家中，通过税收和财政支出能够有效地改善收入分配；而在发展中国家中，缺乏适当的再分配政策来达到前一类国家类似的平等水平[20]。

按基尼系数衡量，如果先不考虑税收、转移支付和公共服务，拉美地区的收入平等水平同 OECD 成员国相差不远[21]。但是，在考虑了本地区再分配效果有限的财政体系和各项经济社会服务产生的影响之后，双方的差距是十分明显的（见图 3.7）。

智利和墨西哥财政政策的再分配作用同 OECD 其他成员国不同。这两国财政体系再分配效果不佳在很大程度上是由现金转移支付的效果有限造成的。OECD 成员国通过这类转移支付使基尼系数的缩减为 8 个百分点，而在智利和墨西哥这一缩减不足 2 个百分点。这与拉美地区在这类政策工具中投入的社会支出较少也有关系（在 OECD 成员国中，用于现金转移支付的社会支出占国内生产总值的 12%，而在智利和墨西哥这一比率分别为 6% 和 3%）。此外，在 OECD 成员国中，所得税和缴纳的社保费用对缩减基尼系数所起的总作用更大。在一组工业化国家中，这一缩减平均约为

3.5个百分点,而在智利这一缩减约为1个百分点,在墨西哥其对基尼系数的缩减为2个百分点。

图3.7 拉丁美洲和经济合作与发展组织:税收和公共支出前后的基尼系数

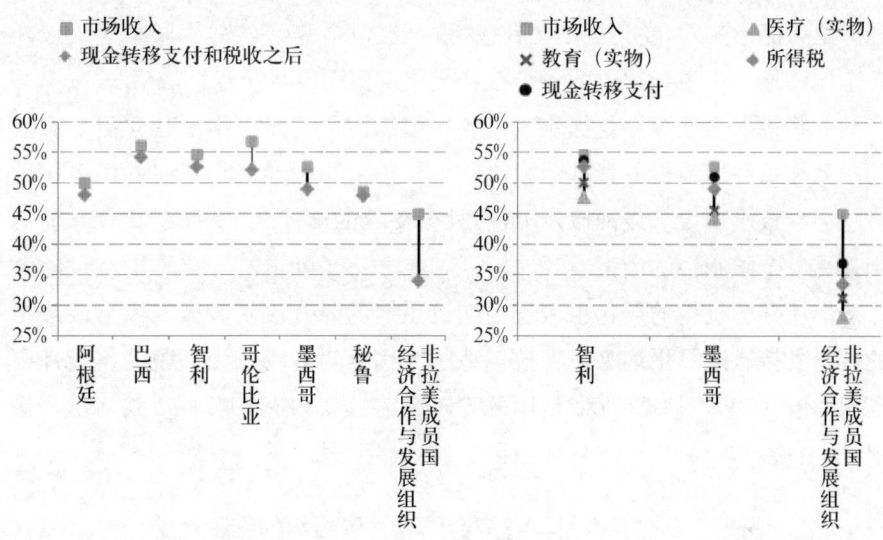

资料来源:经济合作与发展组织(OECD,2008a)关于该组织非拉美成员国的资料,OECD(2008b)关于阿根廷、巴西、哥伦比亚和秘鲁的资料,在智利、墨西哥家庭调查基础上进行的估测。
http://dx.doi.org/10.1787/888932510656

争取一个更强的社会契约和更好的财政约定
巩固社会契约的基础

拉丁美洲较高的不平等水平和很低的再分配与经济理论的相关论述形成鲜明对比。当进行征税和政府财政转移支付前贫富差距很大时,中间选民理论认为,民主制度应该能够引导政府增加其收入并有效实施再分配[22]。在这种情况下,中间选民既能够从累进的所得税中获益,因为该税主要影响比其收入高的选民;也能够从累进的财政支出和转移支付中受益,因为这些政策主要为其提供便利。

在中低收入国家中，甚至是在极为不平等的背景下，民主制度可能只是拥有更大的公共部门和更强调再分配的政策的必要条件，而不是充分条件。对于再分配的偏好来源广泛，既有个人以往的经历（阶层流动的经验和感觉可能影响对再分配的政治态度），也包括政治体制、家庭组织以及在全国和地区占主导地位的各种社会文化价值[23]。

一些挑战仍然存在：加快改善各民主制度的质量，推动建立更加有效的预算体系并加强税务管理能力。一个无法适当引导民众意愿的民主制度可能会导致出现税基侵蚀以及/或者社会支出的被俘获[24]。而财政管理能力则是另一个限制性的因素。

上述部分机构的弱化也表现为纳税热情的降低以及对大规模财政改革的社会支持有限。平均来说，拉美地区的民众为偷税行为开脱的可能性要高出3倍（20%对OECD成员国的7%）；在拉美仅有34%的受访者认为偷税总是有害的，而在OECD成员国中这一比率为62%（见图3.8）[25]。

图3.8 拉丁美洲和经济合作与发展组织的纳税热情：
您认为是否可以出于某种理由在纳税方面作假？（比率）

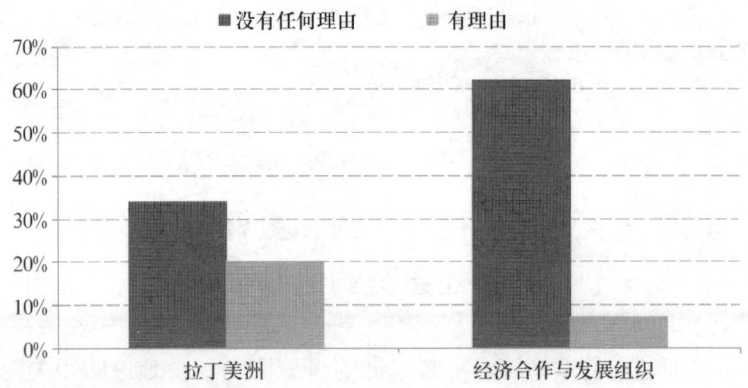

资料来源：根据世界价值观调查和拉美晴雨表2008年有关数据制作
http://dx.doi.org/10.1787/888932510675

这一较低的财政热情一直被归咎于腐败[26]以及对社会正义、机会平等和阶层流动的种种悲观感觉[27]。由于这一情况的出现,社会契约处于不完整的状态。只要条件允许,拉美地区的民众总是倾向于选择私人部分提供的医疗和教育等服务。税收体制的充足原则从本质上说也许就旨在为支持提供最低质量标准的公共服务寻找资金来源[28]。但是,在收入更高的社会中,公民更清楚其所缴纳的各种税,会要求所提供的公共服务质量更高。

不过,存在一些理由使我们对强化本地区社会契约的前景保持一定的乐观。基于对拉美民众进行的意向调查的多项研究强调,对于努力、教育回报以及国家与个人分担责任的正面评价有所增加,缴纳更多税以便为社会保障框架提供财政支持的意愿也有所增强[29]。

根据这些调查,感觉获得了更高质量公共服务(特别是医疗和教育)的拉美民众较少为偷税开脱,其中认为税负过重的比例也较低。此外,即便是那些取得进步,并且/或者对其子女在社会和经济方面取得进步抱有期望的民众也认为,好公民应该纳税;同时不认为当前的税收过多。最后,受教育水平较高的民众较少为偷税开脱,其平均能接受的税负水平较高[30]。

因此,为了提高民众对公共服务的诉求和支持,财政改革应该指向改善公共服务的质量和管理。这一指向能够创造一个适宜的环境以扩大公共支出并为其提供必要的税收收入支持。如果承认,获得普遍同意的政策和税收改革能带来公共服务的改善时,中等收入阶层就有给予其支持的意愿,那么这一阶层在新的社会契约中的作用是基础性的[31]。合法性应该由国家在规划自身公共部门时通过使用透明的、参与性的政策工具来建立[32]。

财政改革的成败取决于是否考虑了税收和支出的这种联系,是否参照了国外经验。只有当其基础牢固(具备透明和视角全面的事前分析和事后评估),适应国情(特别是关于其实施所需的过渡期),并具备了明确的领导和全国机构的支持时,税收改革才能不断推进[33]。与此同时,各项改革还应考虑到税收水平和结构对经济长期增长的影响[34]。

争取一项更好的财政约定

一项财政约定可能类似于一个复杂的"合同",其条款包括关于国家在财政、经济和社会领域能够做的，应该或不应该做所达成的共识。将财政约定比喻成双方可以废弃并随时可能重签的"合同"，可以很自然地融入拉丁美洲的政治环境中[35]。

一项财政约定所包含的政治意义远超出一般的税收和预算改革[36]。有必要就国家的作用和权力机构试图推动的策略达成最低的社会和政治共识。财政约定的概念既与一个明确的并得到普遍赞同的中长期发展路径的设计相关，又与恢复对发展计划（发展自身的和为实现发展的计划）的认识相联系。而这又是对公共政策一个更加宏大和全面的设计的体现：（1）巩固财政结余；（2）提高公共管理的效率；（3）使财政政策更加透明；（4）推进平等；（5）促进民主机构的发展。

在本地区各经济体财政收入经历前所未有增长的现阶段，相关改革的前景不容乐观。一旦税收目标得以完成或超额完成，调整税收体制的积极性就会大幅降低。关于相关体制不公正的讨论经常局限在一些专家范围内，并没有体现在旨在弥补上述众所周知的缺陷的立法草案中[37]。此外，在一些国家中，精英阶层比税收管理部门更有影响力。出于这些原因和另外一些原因，改革的政治经济学问题已经转变为建立支撑财政约定的税收体系的主要障碍。

但是，达成一项财政约定的想法目前在拉美地区处在一个适宜的发展环境。至少有两点理由可以解释为什么会出现这一有利环境。一方面，显而易见，公共支出已成为抵御外部动荡负面影响的一个有力的工具（就业、收入和消费的下降）；另一方面，众所周知，一个在强有力的机构和适当公共管理能力支持下的好的财政政策，能够为实现平等、社会凝聚和生产发展发挥积极的辅助作用[38]。

这些财政约定可以是全局性的；或者仅涉及一个具体的部门，如教育、就业、社保、或基础设施建设；或者围绕一个具有号召力的核心思想进行构建，如平等、公众安全或反贫困。而在形成这些约定的过程中，在确定公共政策并使其与预算相协调的过程中，以及在商讨旨在改善税收体制的税务改革的过程中，各国议会应发挥基础性作用。

更好的税收体制框架有助于达成上述约定，并能简化税收改革所牵涉的

第三章 财政政策改革

政治经济学问题。这些框架包括从采取透明的预算实践到根据不同国家和时期特点，制定包涵着退出策略和独立财政委员会的第二代财政规则等一系列举措。其中推动公共部门的透明化和效率的提高有着特别重要的意义。在支出不断扩大和改善的背景下，各国议会和主管部门也许应该强化其监管职能。

一个财政框架需要具备足够的包容性，以便将应对短期和中长期的社会经济挑战纳入其中。在短期内，也许有必要使这一框架能够起到稳定性作用；而在长期内，也许可以加入各种社会诉求（一般来说涉及反贫困、基础设施建设和发展），可以要求有效率地经营不可再生资源，并提前应对人口老龄化带来的社会支出增加的压力。支出的组成及其水平和资金来源都同样重要。其中支出的资金来源是全社会机会和收入分配的决定性因素。推动建立财政约定，明确实施投资或社会支出等财政政策所需社会资金的规模和征收方式已经刻不容缓[39]。一种特殊方式就是落实财政规则，或改革现行规则，并同在某些情况下创建主权基金相结合。各种财政规则应当有利于中长期发展，特别是要有利于基础设施建设等核心领域生产性投资[40]。

更好的财政框架的存在能够确保调动足够的国内资源，并将税收体制转化为一个有效的促进发展的工具。如果财政约定是建立在通过增加税负来为公共政策提供资金的基础上，使民众更加信任这些资源得到善用就是根本性的。

预算框架改革是在借鉴国际经验的基础上进行的，各类制度改革应该力求实现巩固上述进展的目标。在许多拉美国家中，预算周期作为一个民主、透明地分配公共支出的机制的作用明显得以恢复（在高通胀的几年中，预算周期丧失了其指导公共政策的作用）。在制定全国性的发展计划和策略方面，在建立财政规则和中期框架方面，在确立责任制和多年预算方面，在进行政策和项目评估方面，以及在建立全国性的公共投资体系和共享的支出指数方面，都取得了很大进步[41]。

所有这些制度进步都是一个旨在使国家推动发展的必要的财政约定的一部分。拥有一个中长期的战略视角，建立社会利益相关者间的同盟，以及设计一个国家、市场和公民间新的平衡关系是在本地区建立一项财政约定所需的重要的基础[42]。

注 释

1. Martner, 2007 年; ECLAC, 2009 年; Daude 等, 2011 年
2. ECLAC CEPALSTAT 数据库、ECLAC 国家账户和各国官方数据为基础
3. Gómez Sabaini 等人, 2010 年
4. ECLAC, 2010 年 b
5. Agosín 等人, 2005 年; Perry 等人, 2006 年; Gómez Sabaini 等人, 2010 年
6. Cetrángolo 和 Gómez Sabaini, 2007 年; OECD, 2008 年 b, 2010 年 b
7. OECD, 2008 年 b; Daude 等人, 2011 年
8. OECD, 2010 年 b
9. Gómez Sabaini 等人, 2010 年
10. Rofman 等人, 2008 年; Mesa – Lago, 2009 年; OECD, 2010 年 b; Da Costa 等人, 2011 年
11. Villela 等人, 2009 年
12. Jiménez 和 Podestá, 2009 年
13. Villela 等人, 2009 年
14. De Cesare 和 Lazo Marín, 2008 年; OECD, 2010 年 a。如需查询关于其对经济增长影响的分析, 可参见 OECD, 2010 年 c
15. Gómez Sabaini 等人, 2010 年
16. OECD, 2010 年 b
17. Ganzález 和 Martner, 2010 年; López – Calva 和 Lustig, 2010 年
18. ILPES, 2011 年
19. Jorrat, 2011 年
20. Chu 等人, 2000 年
21. BID, 2006 年; Gómez Sabaini 等, 2006 年; OECD, 2008 年 a 和 2008 年 b
22. 例如, 可以参见 Downs, 1957 年的开创性研究工作
23. Alesina 和 Giuliano, 2009 年; Alt 等人, 2010 年; Robinson, 2010 年
24. Elizondo 和 Santiso, 2011 年
25. Daude 和 Melguizo, 2010 年
26. Torgler, 2005 年

27. Gaviria，2007 年
28. Jiménez 等人，2010 年
29. Marcel，2008 年；OECD，2010 年 b
30. Daude 和 Melguizo，2010 年
31. 同上；OECD，2010 年 b
32. ILPES，2011 年
33. OECD，2010 年 a
34. 现有的关于 OECD 成员国的证据似乎表明，最有利于人均收入增长的税收是各类财产税，其次是各类消费税和环境税，而企业和个人所得税最不利于其增长。
35. Lerda，2009 年
36. OECD，1998 年；ILPES，2011 年
37. Gómez Sabaini 和 Martner，2010 年
38. OECD，2010 年 b
39. OECD，2010 年 b
40. Carranza 等人，2011 年
41. ILPES，2011 年
42. OECD，2010 年 b

参考文献

[1] Agosin, M., A. Barreix and R. Mac hado (2005), *Recaudar para crecer: bases para la reforma tributaria de Centroamérica*, Inter - American Development Bank (IDB), Washington, DC.

[2] Alesina, A. and P. Giuliano (2009), "Preferences for Redistribution", *NBER Working Paper*, No. 14825, National Bureau of Economic Research.

[3] Alt., J., I. Preston and L. Sibieta (2010), "The Political Economy of Tax Policy", in J. Mirrlees (ed.), *Dimensions of Tax Design: The Mirlees Review*, Oxford University Press, Oxford, pp. 1204 - 1279.

[4] Carranza, L., C. Daude and A. Mel guizo (2011), "Public Infrastructure Investment and Fiscal Sustainability in Latin America: Incompatible Goals?", Working Paper, No. 301, OECD Development Centre, Paris.

[5] Cetrángolo, O. and J. C. Gómez - Sabaini (2007), *La tributación directa en América Latina y los desafíos a la imposición sobre la renta*, Macroeconomics of Development, No. 60, ECLAC (CEPAL), Santiago, Chile.

[6] Chu, K. Y., D. Hamid and S. Gupta (2000), "Income Distribution and Tax and Government Social Spending Policies in Developing Countries", Working Paper, No. 00/62, International Monetary Fund, Washington, DC.

[7] Da Costa, R., J. R. de Laigle sia, E. Martinez and A. Mel guizo (2010), "The Economy of the Possible: Pensions and Informality in Latin America", Working Paper, No. 295, OECD Development Centre, Paris.

[8] Daude C., A. Mel guizo and A. Neut (2011), "Fiscal Policy in Latin America: Countercyclical and Sustainable?", *Economics: The Open - Access, Open - Assessment E - Journal*, Vol. 5, 2011 - 14. http://dx. doi. org/10. 5018/economics - ejournal. ja. 2011 - 14

[9] Daude, C. and A. Mel guizo (2010), "Taxation and More Representation? On Fiscal Policy, Social Mobility and Democracy in Latin America," Working Paper, No. 294, OECD Development Centre, Paris.

[10] De Cesare, C. and J. F. Lazo Marín (2008), "Impuestos a los patrimonios en América

Latina" *Macroeconomics of Development Series*, No. 66, ECLAC (CEPAL), Santiago, Chile.
[11] Downs, A. (1957), *An Economic Theory of Democracy*, Harper, New York.
[12] ECLAC (Economic Commission for Latin America and the Caribbea n) (CEPAL) (1998), *The Fiscal Covenant. Strengths, Weaknesses, Challenges*, ECLAC books, No. 47, ECLAC, Santiago de Chile.
[13] ECLAC (CEPAL) (2009), *La política fiscal en tiempos de crisis. Una reflexión preliminar desde América Latina y el Caribe*, ECLAC, Santiago, Chile.
[14] ECLAC (CEPAL) (2010a), *Economic Survey of Latin America and the Caribbean 2009 - 2010: The Distributive Impact of Public Policies*, ECLAC, Santiago, Chile.
[15] ECLAC (CEPAL) (2010b), "Time for Equality: Closing Gaps, Opening Trails", 33rd session of ECLAC, 30 May – 1 June 2010, Brasilia.
[16] Elizondo, C. and J. Santiso (2009), Killing Me Softly: Local Termites and Fiscal Violence in Latin America, available at SSRN: http://ssrn.com/abstract = 1400050, accessed 5 October 2011.
[17] Gaviria, A. (2007), "Social Mobility and Preferences for Redistribution in Latin America", *Economía*, Vol. 8 (1), pp. 55 – 88.
[18] Gómez Sabaini, J. C. (2006), "Cohesión social, equidad y tributación. Análisis y perspectivas para América Latina", Políticas Sociales, No. 127, ECLAC (CEPAL), Santiago de Chile.
[19] Gómez Sabaini, J. C. and R. Martner (2010), "América Latina: panorama global de su sistema tributario y principales temas de política", in J. Ruiz – Huerta and M. Villoria (eds.), *Gobernanza democrática y fiscalidad*, Editorial Tecnos, Madrid.
[20] Gonzále z, I. and R. Martner (2010), "Del Síndrome del Casillero vacío al Desarrollo Inclusivo: buscando los determinantes de la distribución del ingreso en América Latina", Working Paper of the Budgetary Policy and Public Management Department, ILPES (Latin American and Caribbean Institute for Economic and Social Planning), ECLAC (CEPAL), Santiago, Chile.
[21] IDB (Inter – America n Devel opment Bank) (2006), *La equidad fiscal en los países andinos*, IDB, Washington, DC.
[22] ILPES (Latin America n and Caribbea n Institute for Economic and Social Pla nning) (2011), "Panorama de la Gestión Pública en América Latina: En la hora de la igual-

dad", ILPES, Santiago, Chile.

[23] Jiménez, J. P. and A. Podestá (2009), "Inversión, incentivos fiscales y gastos tributarios en América Latina", Macroeconomics of Development, No. 77, ECLAC (CEPAL), Santiago, Chile.

[24] Jiménez, J. P., J. C. Gómez Sabaini and A. Podestá (2010), "Tributación, evasión y equidad en América Latina", in id. (eds.), *Evasión y equidad en América Latina*, Colección Documentos de proyectos, June 2011, ECLAC (CEPAL), Santiago, Chile.

[25] Lerda, J. C. (2009), "El pacto fiscal visto a sus diez años", in R. Martner (ed.) "*Las finanzas públicas y el pacto fiscal en América Latina*", Seminars and Conferences, No. 54 ECLAC (CEPAL), Santiago, Chile.

[26] Lope z – Cal va, L. P. and N. Lustig (eds.), *Declining Inequality in Latin America: A Decade of Progress?*, Brookings Institution Press and UNDP (United Nations Development Programme), Baltimore, Md.

[27] Marcel, M. (2008), *Movilidad, desigualdad y política social en América Latina*, mimeo. Martner, R. (2007), "La política fiscal en tiempos de bonanza", Gestión Pública, No. 66, ECLAC (CEPAL), Santiago, Chile.

[28] Mesa – Lago, C. (2009), "Efectos de la crisis global sobre la seguridad social de salud y pensiones en América Latina y el Caribe y recomendaciones de políticas", Políticas Sociales, No. 150, ECLAC (CEPAL), Santiago, Chile.

[29] OECD (Organisation for Economic Co – ope ration and Devel opment) (2008a), *Growing Unequal? Income Distribution and Poverty in OECD Countries*, OECD, Paris.

[30] OECD (2008b), *Latin American Economic Outlook 2009*. OECD Development Centre, Paris.

[31] OECD (2010a), *Making Reform Happen: Lessons from OECD Countries*. OECD, Paris.

[32] OECD (2010b), *Latin American Economic Outlook 2011: How middle – class is Latin America?*, OEC D Development Centre, Paris.

[33] OECD (2010c), *Tax Policy Reform and Economic Growth*, OECD Tax Policy Studies, No. 20, OECD, Paris.

[34] Perry, G., O. Arias, J. Lópe z, W. Mal oney and L. Serven (2006), *Poverty Reduction and Growth: Virtuous and Vicious Circles*, World Bank, Washington, DC.

[35] Robinson, J. A. (2010), "The Political Economy of Redistributive Policies", in L. F. López – Calva and N. Lustig (eds.) Declining Inequality in Latin America: a Decade of

Progress?, Brookings Institution Press and UNDP (United Nations Development Programme), Baltimore, Md., pp. 39 – 71.

[36] Rofman, R., L. Lucchetti and G. Ourèns (2008), "Pension Systems in Latin America: Concepts and Measurements of Coverage", Social Protection and Labour Discussion Paper 0616, World Bank, Washington, DC.

[37] Torgler, B. (2005), "Tax Morale in Latin America", *Public Choice*, Vol. 122, pp. 133 – 157.

Villela, L. (coord.), A. Lemgruber and M. Jorratt (2009), "Tax Expenditure Budgets. Concepts and Challenges for Implementation", Working Paper, No. 131, December 2009, Inter – American Development Bank (IDB), Washington, DC.

第四章 教育体系改革

概　要

近年来，拉丁美洲和加勒比在教育普及率、支出以及绩效方面取得了进展，但与此同时，许多挑战也随之产生，需要加以考虑。该地区教育改革的基本任务是发挥教育政策的潜力，使之成为提供平等机会、社会融入和培育优秀的人力资源的工具。为此，许多改革措施致力于扩大入学范围、提高教育质量和管理水平，政府的角色定位于优质教育的主要监管者和提供者。本章全面描述了拉丁美洲的教育状况，分析了分权化政策、国家教育评估体系、高等教育改革和教师队伍管理等改革的作用。本章还评述了如下政策及其实施过程：增加地方政府教育管理资金；培养新技术应用人才；提升技术类大学的教育水平，使之能够适应生产部门的要求；巩固国家教育评估制度，并将其延伸至教育体系之外；改进选拔、评估和激励制度，实现教师职业的真正专业化，从而提高教职人员的有效管理水平。未来数年内，上述措施应该是教育改革的核心内容。

导　言

教育是一项基本权利，它在社会发展中的作用至为关键。它能够提高学生掌握技术进步与发展的必要技能，从而为公平创造更大的机会，促进社会融入。教育直接而有力地影响着经济社会福利、劳动生产率、收入、就业和竞争力。因此，由国家作为改革力量来推动教育体系改革是十分必要的。

第四章 教育体系改革

本章将对拉美教育的现状做出全景式的描述,重点是拉美教育制度设计以及教育政策实施中所面临的主要挑战。为此,本章第二节将讨论拉美教育的覆盖面、绩效、平等和教育投入等趋势。本章第三节将从四个基本方面,分析拉美和加勒比地区教育体系内不同领域的改革情况,即分权化、国家评估体系、高等教育和教职人员管理。最后,本章第四节将提供拉美教育政策建议,提出以下优先领域:扩大低收入家庭青年的中等教育覆盖面,;缩减民众知识差距,提升高等教育入学率;实施教育分权化政策,向地方政府转移资金、人力和管理资源,以此避免教育不公平的扩大;加强机制和制度建设,确保教育质量,特别是高等教育教育质量;推行恰当的教育评估制度,在教育绩效、管理以及教学实践上采取问责制。

近几十年来,拉美和加勒比地区的教育普及率和投入均得到提升,曾经无法享有教育服务的弱势群体因此而获益。然而,该地区仍面临着重大挑战。初等教育的普及工作已取得显著进步(接近于联合国制定的"千年发展目标"规划),但中等和高等教育阶段仍存在较大差距。拉美教育体制的挑战不仅包括扩大教育的覆盖面,还包括提高教育质量、管理效率和学生成绩。就教育成就而言,对拉美学生进行的"国际学生评估计划"等(即 PISA,见专栏4.1)测试结果表明,尽管近年来拉美学生的成绩有所提高,但仍落后于世界其他地区。

专栏4.1 国际学生评估计划(PISA): 对技能的全面评估

PISA 启动于2000年。该计划的目标是对学生在模拟"真实世界"中体现出来的知识与经验情况进行评估。测试的重点是学生在数学、阅读和科技方面的概念理解与技能掌握能力。

2009年,来自65个国家约47万名学生参加了 PISA(第四版)测试。每个学生耗时大约2个小时完成各种测试,此外,他们还填完了背景调查问卷。问卷内容主要是他们个人情况、家庭、学习习惯、对阅

> 读的态度、承诺以及动机。评估计划还要求学生设计多项选择题并自己作答。学校校长也需要填完问卷，内容涉及到在校生的人口特征以及学习环境的质量。
>
> PISA 分析了教育体系的三个基本要素：第一，2009 年 15 岁学生的知识和技能概况，主要涉及学生的阅读能力以及对语境的理解，这把学习结果同个人和学校的特点联系在一起。第二，评估学生对阅读活动的喜爱程度，以及他们对不同学习方法的了解和使用。第三，学生在数学、阅读以及科学知识和技能方面所体现出的变化趋势，以及不同因素（例如社会—经济因素）对成绩的影响。
>
> 2012 年，PISA 将关注数学，而且将更加侧重于评估学生的阅读和理解电子文本的能力，以及他们解决问题的能力。PISA 希望通过这种方式体现信息技术的重要性。

拉美一直是世界上最不平等的地区，这种不平等不仅仅体现在居民收入上，还体现在民众的教育机会和教育服务质量上。经济社会因素引发的受教育机会与教育绩效差异依旧突出，甚至在部分领域（如中等和高等教育）有所扩大。收入是影响优质教育资源享有机会分类的一个重要因素。而当前教育体系往往强化了收入和机会的不平等，进而引发了社会不平等。因此，国家所能够发挥的作用必不可少，因为国家可以采取措施来补偿公民因出生而带来的不平等，让下一代在职业流动问题上可以拥有更好的机会，这样就可以阻止代际社会差距的再生，进而创造一个优质的教育体系，使民众能够享受各个层次的教育[1]。

拉美教育改革的目的是强化教育的社会性和包容作用。这种改革可以激励教育体系的管理水平不断提高，促使学校课程吸纳新的教学方法，拉近学校同劳动力市场之间的关系。近年来，高等教育成为许多重要教育改革的政策目标，此类改革试图解决拉美地区长期面临教育覆盖面和投入等问题。今天，由于生产模式的变化和社会对科技知识的需求，各大学都面临着新的挑战。因此，大学需要加强应用性研究，密切同现实部门的联系，才能适应新的要求。

教育的趋势:覆盖面、绩效和投入

覆盖面与绩效发展趋势

近年来,拉美地区初等和中等教育的覆盖面持续攀升。目前,小学和中学的入学率已经接近 OECD 成员国的水平。然而,拉美高等教育的覆盖面仍处于低位(图 4.1)。

图 4.1 2009 年以来拉美和加勒比 15 国及 OECD 成员国毛入学率
(单位:%)

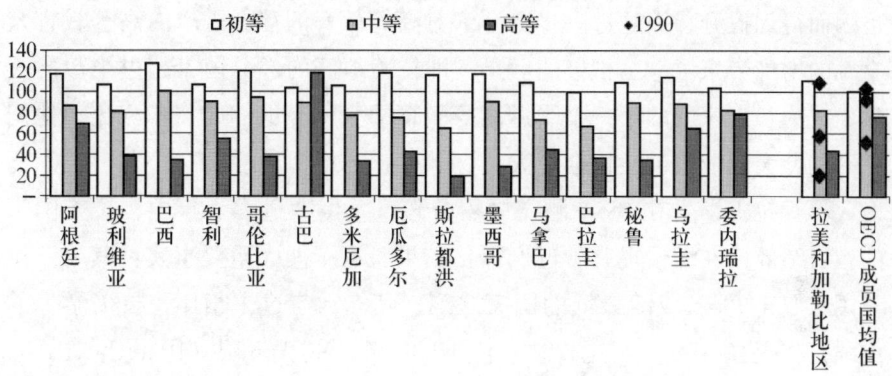

注:毛入学率为各年龄段在校学生总数与符合法定入学年龄的儿童总数之比。当前毛入学率是样本国家的最近年份数据。阿根廷、巴西、智利、厄瓜多尔、洪都拉斯、秘鲁和乌拉圭的数据年份是 2008 年,其他国家依次为:玻利维亚(2007)、巴拿马(2007)、秘鲁(2006)、多米尼加(2004)。拉美国家的平均毛入学率为 18 国(前文提及的 15 个国家加上哥斯达黎加、萨尔瓦多和牙买加)均值。拉美国家的毛入学率高于 OECD 国家,可能是该地区近期入学率恰好较高,也可能是计算中涵盖了标准年龄范围之外的学生。

资料来源:联合国教科文组织统计局(2011),http://dx.doi.org/10.1787/888932522797.

拉美高等教育覆盖面和绩效的现状显示了该地区所面临的多重挑战。

过去20年中，拉美和加勒比地区高等教育的入学人数显著增加（特别是巴西和巴拉圭两国），但该地区绝大多数国家的高等教育入学率始终低于40%，且存在很大的入学率国别差异：部分国家的入学率超出60%（阿根廷、古巴和乌拉圭），而部分国家却低于30%（洪都拉斯、萨尔瓦多、尼加拉瓜、牙买加和墨西哥）[2]。此外，拉美地区的入学率仍然低于OECD国家，例如芬兰、美国和韩国的覆盖率均已超过80%。

在过去的几十年里，拉美地区对高等教育的需求越来越大，这表明该地区经济和社会结构正发生着变化。人均收入增加是推动高等教育需求增长的关键因素，而人们越来越认识到科技知识的重要性，认识到职业技能对提升竞争力和长期发展潜力的作用，这些认识也是高等教育需求增加的推动因素[3]。与过去相比，高等教育得到了更多的社会力量的推动，其价值也因而得到提升，而这进一步提升了对高等教育的社会需求。高等教育入学率的增加带来了一个积极的后果，即拉美地区的部分国家超过半数的大学生成为各自家庭的第一个受过高等教育的人，与他们的父辈相比，他们享有的社会职业流动性机会更大。

尽管拉美学生在PISA测试中得分较低，但在过去十年中，拉美国家的教育绩效已在缓慢提升。近期评估结果验证了两大重要事实：其一，拉美国家属于PISA成绩最低的国家之列；其二，与过去相比，拉美学生的成绩正在提高（图4.2）[4]。2000年和2009年，拉美五国（阿根廷、巴西、智利、墨西哥和秘鲁）学生的平均阅读能力得分表明，在这十年间，拉美国家同OECD的差距略有缩小，即从23%下降到19%[5]。同期，OECD成员国学生的平均得分上升2分（即从485分增至487分），而拉美国家学生的平均得分则上升了16分（即从395增至411分）。低分学生进步是拉美各国得分上升的原因：在智利和墨西哥，低分学生的比例下降近15%；在巴西，那些最优秀的学生提高了他们的成绩（技能级别为5—6级），而低分学生的结果则保持稳定。智利和秘鲁两国的学生在所有技能水平上都取得了进步[6]。尽管拉美国家取得了进步，然而该地区仍然属于PISA测试得分最低的国家之列。在PISA测试中，墨西哥是OECD成员国得分最低的国家。与2009年取得最高分的韩国相比，墨西哥平均差距相当于两年学龄

(114分），高于东南亚等其他新兴地区与韩国之间的差距[7]。

图4.2 拉美与OECD：PISA阅读能力测试结果的变化（2000—2009）

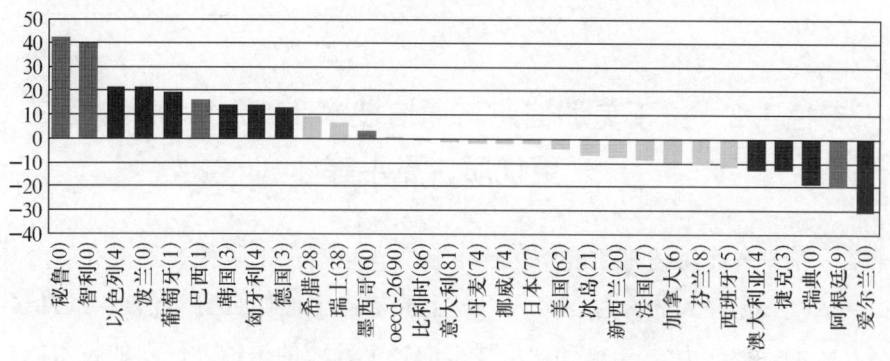

资料来源：经济发展与合作组织（OECD）"国际学生学习能力评估计划"（2009）数据库，http://dx.dol.org/10.1787/888932522816.

与许多OECD国家的情况相似，在拉美公立和私立学校就读的学生，其学习过程并无二致。如果分析学生成绩单上的相关数据，就不难发现，私立学校学生的成绩要好于公立学校。然而，这一结论并没有把社会—人口和经济因素的差异考虑在内。而一旦综合考虑这些因素，私立学校学生的成绩并不会比公立学校好多少。这说明，一方面，在解释学生成绩差异的问题上，社会—经济地位对学生成绩具有稳定的影响（这要比公立或私立学校的管理更为重要）；另一方面，社会—经济地位的不同，也使公立学校和私立学校间的差异十分明显[8]。

由于受性别和地域因素的影响，学生成绩一直表现出了很明显的差异。与全球趋势相一致，拉美女生在入学、留级和毕业方面比男生取得了更大的进步[9]。根据PISA阅读能力测试结果，在所有参与测试的国家（包括拉美国家）中，女生的成绩均优于男生[10]。由于女生成绩的提高幅度高于男生，因此男女之间的差距有时候会加大。另外，学生成绩中的地域差异因素也值得注意。通过对城市学校和农村学校的分析，可以发现，多数OECD成员国和部分拉美国家（如阿根廷、巴西和智利）中，城市孩子得分较高。就地域层面而言,拉美各国的测试结果表明,学生成绩的地域差异很大,这在很大程度上可以用社会—经济差异因素解释。地域差异不仅影响成绩高低,还影响着成绩分布(成绩平等)[11]。

专栏4.2 拉丁美洲信息与通信技术(ICTs)教育体系:更优质,更平等

信息与通信技术给经济、社会和文化生活带来了快速的变化。今天,挖掘年轻人的潜力在很大程度上要依赖于他们自身对信息与通信技术的掌握能力[a]。信息和通信技术向各个领域的渗透,使新的技术能力在劳动力市场上正变得日益重要。"数字文盲"越来越不太可能在劳动力市场上找到一份薪水高的工作。这也使得数字能力成为实现社会融入的必备条件[b]。

因此,对拉丁美洲和加勒比国家而言,把信息和通信技术逐步纳入到教育体系之中,确实是一个根本性的挑战。信息和通信技术作为一门课程来说固然重要,但同样重要的是,信息和通信技术能够为学生提供融入社会、享有社会流动权利以及获得完全城市居民资格的机会。

为了消除年轻人之间的数字鸿沟,学校成为最大、最有效率,同时也是最经济的机构,特别是对那些缺乏必要的物质资源而无法在家庭里拥有这些信息技术的学生而言更是如此。学校教育的潜力不能仅限于数字扫盲:在学生的各科学习、教师的教学设计甚至在终生学习的过程中,都可以应用信息与通信技术。

因此,首要的挑战是推进信息与通信技术的普及率。这需要采取各类措施来提高信息技术的覆盖面,增加有效技术资源,增大计算机供应量,并提升宽带接入的质量。就信息与通信技术的获取及其在教育领域的应用而言,各国间仍有明显差异。不过,也有不少成功的案例:如巴西的"校园宽带"计划,智利的联系计划(Enlace),乌拉圭

的教育联通与网络学习计算机基础工程（CEIBAL，该工程通过为大学生提供计算机来普及网络）。

小学体系中，生均电脑拥有量也不尽相同。2008年，乌拉圭小学生达到了人手一台电脑的水平，智利中小学生每13人拥有一台电脑，巴西和洪都拉斯分别是每83和137个学生拥有一台电脑。小学体系中，宽带的使用率也大不相同，如哥斯达黎加为40%，而乌拉圭为100%。

对教师进行信息与通信技术培训也是一项很重要的挑战。在制定发展数字基础设施的政策时，还应该制定对教师进行培训的政策，使教师能够在教学中应用新技术[c]。

a 参见 Kaztman（2010）和 ECLAC/IYO（2008）。
b ECLAC（2010d）。
c ECLAC（2010d）。

教育平等的趋势

PISA测试结果表明，在过去的十年中，拉美国家在解决教育平等的问题上略有进展[12]。这些测试使我们能够从几个方面探讨教育平等问题，即学生成绩、教育资源在学校间的分配情况，以及学习机会的分布。从学生学习成绩的变化（以阅读测试中得分的总方差估算）来看，2000年到2009年间，OECD成员国的学生成绩小幅下降（3%）。同期，在PISA测试中，多数取得进步的国家（包括拉美七国），其测试结果的方差也在降低。测试结果的方差分解显示，PISA测试结果与教育平等趋势密切相关。与总方差不同，2000年与2009年校际方差保持不变，这表明整个十年期间拉美学校的参与度大体稳定。

在拉丁美洲各国的各个层级的教育体系中，经济和社会—文化地位是影响入学和教育成就的一个重要因素。拉美地区的教育绩效和家庭教育水平（父母受教育的年限和受教育程度）显著相关。在完成高等学业的学生中，只有3.1%的学生的家长没有上完小学，而超过70%的学生的家长都上过大学[13]。

尽管拉美国家在教育覆盖面上取得了进步，但其教育体系尚未形成足以促进教育公平的机制，这体现为中等和高等教育的绩效不佳。拉美中等教育的覆盖面提升很快，从1990年至2006年，20至24岁的年轻人完成中等教育的比例由27%上升至51%。然而，收入五分位数据显示的情况并非如此乐观：中等教育层面，第一分位组（最低收入）的覆盖率仅为第五分位组（最高收入）的四分之一强（见图4.3）[14]。高等教育层面，上述两个分位组之间的差异更大。在25~29岁的年轻人之中，只有8.7%的人设法完成至少5年的高等教育，各收入分位组之间还存在明显差异（最低收入分位组为0.6%，最高收入分位组为22%）。这表明了在何种程度上，教育体系的机会成本阻碍了来自低收入群组完成他们的高等教育。

图4.3 拉美和加勒比地区各收入分位组青年的中等和高等教育完成率（2008年或近期）

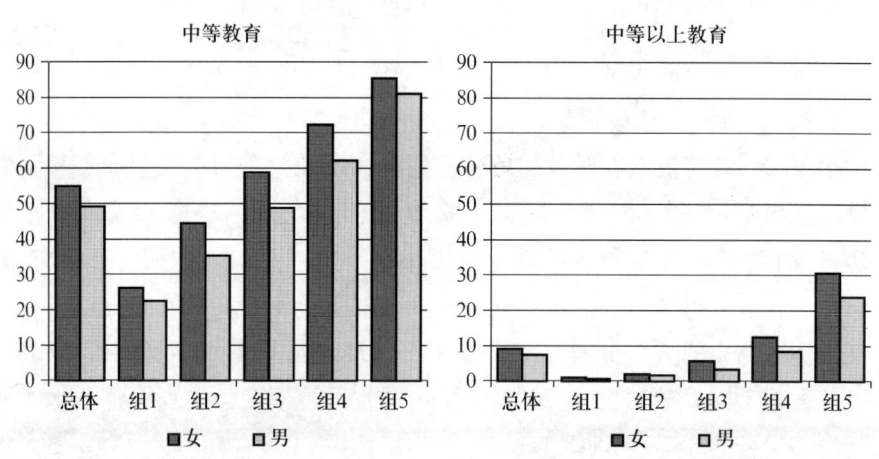

注：拉美和加勒比18国的均值，数据基于家庭调查统计表。中等教育完成率是指完成中等教育的20—24岁的青年所占比例；中等以上教育完成率是指完成为期至少5年高等教育的25—29岁的青年所占比例。

资料来源：ECLAC（2010c），http://dx.doi.org/10.1787/888932522835.

在拉丁美洲和加勒比地区，收入分配差距也体现在学生的学习成绩上。PISA 对各收入分位组中学生的测试结果显示，第一和第二分位组（较贫困家庭）多数学生的成绩在 2 级以下。这表明，上述学生尚不具备 PISA 测试所评估的基本竞争力。可见，学生家庭的社会—经济和文化地位是产生教育成果差异的重要因素[15]。

图 4.4　拉美和加勒比 9 国与 OECD 国家 PISA 阅读测试成绩均值
（2009，根据家庭社会—经济和文化背景分组）

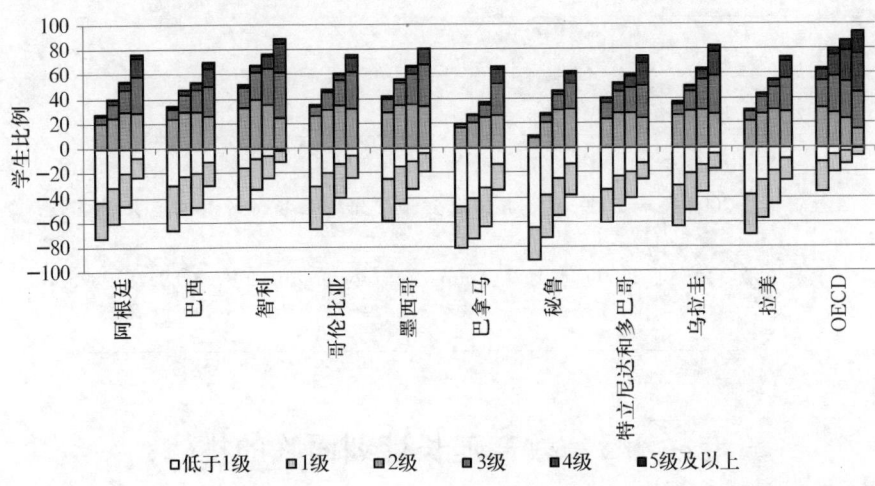

注：拉美和 OECD 国家的得分层级是 2009 年 PISA 测试参与国学生成绩的简单平均值。

资料来源：PISA（2009）数据库，http://dx.doi.org/10.1787/888932522854.

部分拉丁美洲和加勒比国家（特别是在巴西、智利和墨西哥）中，社会—经济不平等引发的教育绩效不平等在过去十年中有所下降。图 4.5 展示了 2000~2009 年学生的社会—经济和文化地位与其阅读成绩之间的关系。同期，OECD 国家的情况略不同于上述结果，二者之间的关系变化不大。

图4.5 2000年与2009年经济、社会和文化地位指数的影响（单位:%）

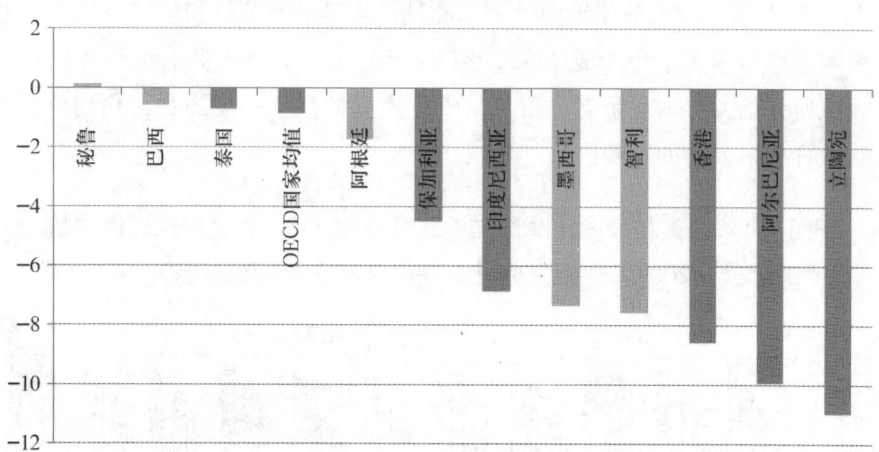

注：根据2000年和2009年经济、社会和文化地位指标的影响差异对各国进行排列。

资料来源：PISA（2009）数据库，http://dx.doi.org/10.1787/888932522873.

专栏4.3 教育延长计划面临的挑战：学前教育和延长在校时间

教育平等战略应包含扩大学前教育覆盖面以及延长公共教育在校时间两类措施。该战略将有助于实现初级阶段的教育平等，这一平等对于后续各阶段的教育绩效至为关键ª，而且有助于解决因学生家庭出身引发的不平等问题，从而促进教育机会公平的实现。拉美学生的PISA测试得分普遍较低，这说明在教育的早期阶段就应该提高他们的认知能力。此外，扩大学前教育覆盖面及延长学生在校时间意味着成人（特别是女性）将不必投入过多时间来照顾孩子。这有利于妇女进入劳动力市场赚钱养家（对低收入家庭尤为重要）。

近期，拉美地区在扩大学前教育（对象为 0—5 岁的儿童）方面取得重大政策进展，在延长在校时间方面也有所斩获ª。然而，在这两大领域，多数国家存在的问题仍然十分突出。在教育覆盖面最为广泛的国家中，接受学前教育的儿童占小学入学人数的三分之二（乌拉圭除外，其比例为 74%），而拉美其他国家的这一比例在 20%—50% 之间[b]。在延长在校时间方面，智利、哥伦比亚和乌拉圭等国已付诸巨大努力，至少是延长了小学在校时间（智利甚至延长了中学在校时间）。然而，仅有私立学校延长了在校时间，其前提当然是学生家庭有足够的支付能力。这种情况加剧了不平等，因为恰恰是来自社会弱势家庭的孩子最需要获得学前教育[c]。

a ECLAC (2010b).
b ECLAC (2010d).
c ECLAC/IYO (2008).

教育投入

拉美国家已经开始加大教育投入。长期以来，拉美国家的公共教育总支出低于 OECD 国家。然而，这一差距已开始缩小。2000 年以来，拉美国家的教育支出略有增加，平均占到了 GDP 的 4%，而 OECD 国家的这一比例平均为 5%。各阶段教育经费分配状况显示，拉美教育投入集中流向初等和中等教育，其学前教育（尽管覆盖面较低）投入比例已接近 OECD 国家水平。拉美国家对高等教育的投入低于 OECD 国家的平均水平，但也有个别国家例外（哥伦比亚、乌拉圭和委内瑞拉）。

经济增长、人口变化和私有部门参与度是解释拉美地区生均教育投入增长的三大要素。首先，拉美经济在过去十年中的显著增长，该要素推高了部分国家的人均 GDP，因而必须加以考虑。其次，人口老龄化，该要素导致学龄儿童减少，对阿根廷、巴西、智利和墨西哥等国尤为重要。最后，教育服务领域私有部门参与度的提高（尤其是阿根廷和智利），该要素促使私立学校的学生比例增大，从而释放出更多的生均公共资源[16]。

拉美国家（初等和中等教育）生均公共投入的近期增长与其教育环境的改善密切相关[17]。1990 年以来，多数拉丁美洲和加勒比国家加大了生均公共教育投入，这一趋势在近十年内进一步得以强化。1990 年至 2000 年间，该地区扩大了学校覆盖面（尤其是中等教育，初等教育早在 20 世纪 90 年代初就得到普及），因此，新增教育投入大多用于吸收新生入读。然而，政府此类做法限制了人均教育投入的增长。2000—2008 年间，新增经费都用于改善教育条件，比如基础设施、教育设备以及其他物质基础，以提高教学质量[18]。然而，拉美国家之间仍然存在明显的差异。例如，在初等教育阶段，生均教育投入占 GDP 的比例差距悬殊，低至 8%（秘鲁），高达 16%（巴西）。中等教育阶段也有类似情况。

就生均公共投入而言，高等教育较其他阶段为高。这在巴西、哥斯达黎加、古巴、墨西哥、巴拿马和乌拉圭表现得很明显[19]。但是，不少国家（特别是阿根廷、智利和哥伦比亚三国）的此类投入有所下降。相较于 OECD 国家，拉美国家生均公共投入的下降趋势更加明显。之所以如此，部分原因在于，各收入组群间存在明显的教育投入差异，较之于初等和中等教育，高等教育层面的公共投入具有更强的累退性。

图 4.6　2000 年以来拉美和加勒比国家的公共教育支出

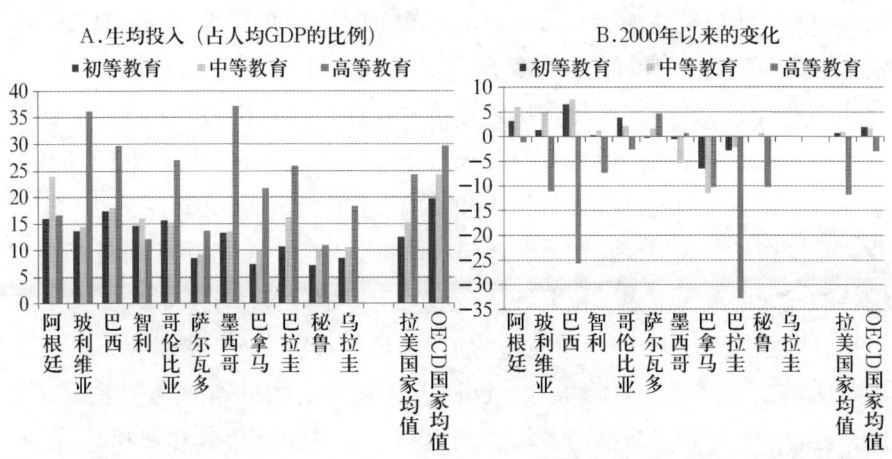

注：数据来源年份分别为：哥伦比亚（2009）；阿根廷、智利、古巴、萨尔瓦多

(2008);巴西、牙买加、巴拿马和巴拉圭（2007）；玻利维亚、秘鲁和乌拉圭（2006）。

来源：联合国教科文组织统计局（2011），http:dx.doi.org/10.1787/888932522892.

尽管一些国家确实在私立教育上耗资巨大，但公共教育的投入是十分重要的。拉美国家对教育的平均投入已经十分接近 OECD 的水平（即 GDP 的 4%），而教育部门的私有投入约占总投入的四分之一（图 4.7）。在 OECD 国家中，教育部门的私人投资尚未达到 GDP 的 1%；但在拉美国家，这一比例却为 1.3%，其中智利、哥伦比亚、多米尼加和秘鲁最为突出。

图 4.7 拉美和加勒比 9 国与 OECD 国家：公共与私立教育投入占人均 GDP 的比例（2008）

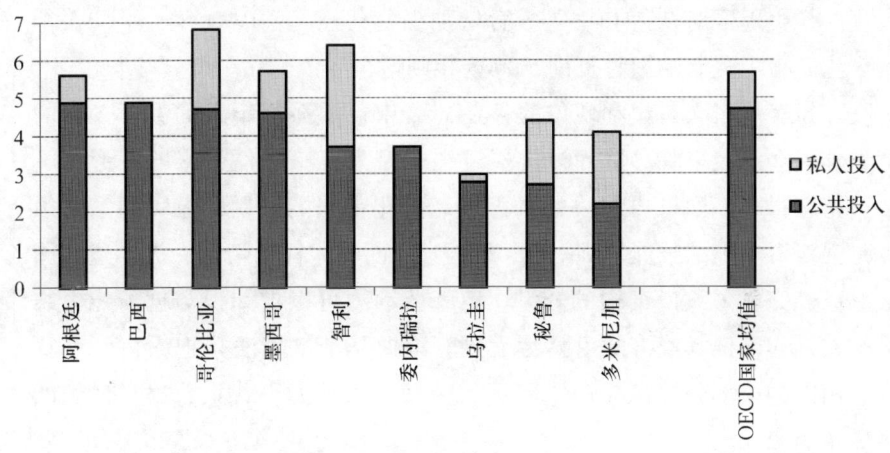

注：教育机构与政府总投资占 GDP 的百分比，包括各层次（学前、初等、中等和高等）教育的公共和私人投资。巴西和委内瑞拉的私人投资数据缺失。

来源：联合国教科文组织统计局（2011），http：do.doi.org/10.1787./888932522911.

专栏4.4 人口红利和教育公共投入的变化

在过去十年中,拉美国家的 GDP 和人均收入的增长,并非是教育投入扩大的唯一因素。实际上,由于适龄学生(5—19 岁)数量下降,初等和中等教育阶段的生均公共投入(这也包括在公立学校就读的学生)已经直接受到了影响。

自 20 世纪 90 年代起,拉丁美洲地区人口红利现象就已经开始存在并表现得十分明显,适龄学生占总人口的比例从 1990 年的 27% 下降至 2008 年的 23.4%[a]。适龄学生人口结构的转变,导致在过去的二十年里,拉美地区对初等和中等教育增加了公共投入。1990 年,平均每个学生获得 1 美元的教育资助,2008 年则增至 2.7 美元。

拉美地区人口红利现象的存在,意味着加强青年人的教育工作的绝佳机会已经来临。然而,机不可失,因为人口条件带来的好形势不会持续很久。如果要解决社会人口老龄化带来的问题,拉美国家必须加强对青年人的技能培训。OECD 国家就面临这样的情形,因为这些国家已经完成了人口结构的转型。熟练劳动力可以把知识与创新能力结合在一起,推动经济的可持续发展。因此,基本做法是把人口红利释放出来的一部分资源投向刚刚进入劳动力市场的一代人,提高他们的竞争力[b]。

a 参见 ECLAC（2010c）和 ECLAC/IYO（2008）。
b ECLAC/IYO（2008）。

拉美教育改革

为了提高教育覆盖面和教育质量,整个拉美地区已经在教育体系中进行了多项改革,改革领域涵盖行政、财政、课程设置等[20]。这些改革措施在教育体系的各个层次都带来的管理方式上的诸多变化,从部级或中央政

第四章 教育体系改革

府层面到学校本身都发生了变化。教育规划的改革（从普遍覆盖面到扩大学校的教学自由权的规划）也被纳入其中。对教职人员的管理（例如选聘和奖励制度），在教育资源分配过程中提高相关信息和公共审计的透明度，以及教育领域的其他方面，都是改革所涉及的领域。

上述改革的一个主要目标是逐步提高私人部门对教育的参与度。在过去的 20 年中，从学前教育到中学，私立教育部门吸纳的学生比例已经增加了两个百分点，约占总数的 20%。对于高等教育而言，私立学校容纳的学生比例更高，已超过 50%[21]。这一趋势表明国家在教育中所发挥的作用越来越大，其角色已由教育提供者逐步转变为教育监管者。特别是智利和哥伦比亚等国，自 20 世纪 90 年代启动教育改革以来，其高等教育监管一直相对薄弱，公共行政机构必须确保在扩大覆盖面的同时，教育质量不会出现问题。

就结构和目标而言，拉美教育体系需要强势国家的介入，以确保整个教育体系能够顺利运转。当前拉美教育体系中的推动者较多，学生及其家长、教师、管理人员等都置身其中，而且目标各异，而私立教育机构恐难实现所有目标。国家积极介入教育体系之所以重要，无外乎两个方面的原因。其一，教育带来的收益只有从长期来看才是合理的，因此很难量化教育服务的成本和收益[22]。其二，重要的外部因素（如家庭）也介入了教育过程。教育改革必须考虑到这些特殊的因素。

本节集中讨论教育改革的五个方面：分权化；高等教育改革；教育评估体系强化；教师选拔、职业与评估政策；私立部门参与教育体系。拉美各国已不同程度地实施了上述改革。

为了发展教育，拉美已经着手推进一些重要改革，但为了使其行之有效，还应辅之以立足长远的具体措施。与所有知识投资相同，教育投入并不能产生立竿见影的效果。因此，政府必须留有财政和政策空间，以便改革实质生效；还须出台制度，以适应周期性的调整，确保改革进程持续[23]。就教育财政而言，政府必须制定出一些可行性方案，确保其教育规划和改革具有连续性。财政空间必须要有政策空间予以配套，而在政策空间里，不同的行为者能够就各类措施的执行达成一致。

基于教育改革的"优先度",依序改革是取得预期效果的另一个关键因素。确定投资顺序、设定规划和部署改革是很重要的。过去,拉美国家的政府在推行某些改革时,并未考虑过其执行顺序。以教育为例,改革的首要措施之一应是缩减实物基础设施的差距。同等关键的措施还包括为教师和校长提供必要的教学内容知识和技能。继此之后,应推行具备连续性的课程改革。此外,拉美地区日益达成共识,认为有必要延长在校时间以提高学生的学习效果。因此,如决定延长在校时间,第一步应加大教育基础设施的财政投入,为学生提供便利。

专栏4.5　OECD推行改革发展教育[a]

推行改革并非易事。有证据表明政策的执行过程和政策的制定过程同样重要。如果改革路径走偏,那么政策设计无论多么合理与精妙,改革政策也无法得到实施。OECD已经探索出了一套具有创新性意义的方法,用以提高改革的能力,从而促进其成员国及其伙伴国的教育绩效。这一方法包括:(1)制定评估措施,对教育状况进行分析研究,并提出切实的建议;(2)在改革过程中,鼓励利益攸关方建言献策,促进交流互动。

墨西哥参与了OECD的教育改革进程。《改善学校:墨西哥行动战略》是项目的最终成果[b]。该报告提出了改善教育质量的行动框架。相关的15条建议也可供其他拉美国家参考:

·提高教师素质:(1)制定教学标准,界定有效教学活动;(2)吸引最优人才加入教师行列;(3)强化教师职前培训;(4)改进教师职前评估;(5)推行全岗职位竞聘;(6)设定入门/试用期;(7)提升职业化水平;(8)加强评估,帮助教师不断提高技能。

·提升学校水平:(9)界定学校有效领导力;(10)推行学校领导职业化培训与任命;(11)构筑教学领导力;(12)加大学校自主性;(13)确保所有学校资金到位;(14)提高社会参与度。

第四章 教育体系改革

·确保教育改革执行：（15）建立由不同的利益攸关方代表组成的执行工作委员会。

为了支持改革、切实推进墨西哥能力建设，OECD 分别在智利和加拿大的安大略省举办了"教育改革领导人研讨会"。墨西哥 30 位高层官员参加了上述研讨会，包括公共教育部部长、国家教育专家、议员以及全国教育工作者联盟（SNTE）和民间组织的代表。与会者开展了小组讨论，交流经验，为教育改革寻找出路。

通过为 OECD 成员国的教育政策制定者提供交流的平台，分析国际实践，以及促进教育咨询，提出切实的相关建议，点燃教育改革的星星之火。

a OECD 教育部"教育政策执行组"的 Beatriz Pont 和 Diana Toledo 对此文亦有贡献。参见 OECD（2010h）。

b OECD（2010h）.

分权化改革

分权化改革可以提高教育绩效，但也会带来更大的不平等。支持分权化的一类观点认为，地方政府更了解本地偏好[24]，因而能更好地满足本地需求[25]。另外，还有一种观点认为，地方政府更为本地公众监督所关注，因此其决策更加透明[26]。然而，也有观点指出，分权化引发了种种问题，关键在于地方政府更易受到本地利益集团控制[27]，且无法实现规模经济。此外，与中央集权管理相比，分权化的管理差异性加大，在某些情况下相对低效[28]。若此言为实，那么分权化后很可能推动地方政府在教育体系的管理趋向分化。上述观点在拉美分权化实践中均有所体现。然而，各种观点都认为，课堂——这一最重要的公共教育政策场所——并未因分权化而有多大改变[29]。

拉美教育体系的分权化管理实践在循次、量级和特质方面不一而足[30]。阿根廷、智利、哥伦比亚和墨西哥在 20 世纪 80 年代就开始了分权化进程，拉美其他各国随后纷纷仿效。现在，绝大多数拉美国家在其教育体系中融入了分权化的管理体制。教育分权不需要法律程序的许可，但必须具有前瞻性的眼光，从这个意义上讲，分权化改革是一个渐进的、连续的、累积性的过程。就地方政府行为体和教育结构体现出来的竞争能力而言，分权的作用可归纳如下：（1）领导、管理和监管教育部门；（2）资金支持；（3）直接管理教育服务（人事政策和投资管理等）；（4）制定教育规划（教育目标、教育覆盖率和质量目标、课程设置、学校作息表和相关议程的拟定等）[31]。

分权对私立部门的教育服务产生了累积性的影响。分权化进程并不一定影响教育的覆盖面或者绩效。例如，2001年哥伦比亚启动分权化改革，但经过评估后发现，这次改革并没有直接提高入学率。然而，那些拥有较大自主权的城市却更倾向于同私立学校签订补贴协议[32]。通过此种方式，分权化改革增加了教育服务中的私有成分。

分权化政策意味着增大学校管理方面的资源配置。从集权化的部门政策和战略有效地转向由地方层次执行教育规划，需要具备两个关键条件：（1）中央、地区和地方三个层次之间能够监管和交流；（2）教育管理信息系统完成升级，能够准确及时地启动监管体系[33]。另外，为实现规模经济，如下干预最好由中央政府执行：（1）制定部门规划和具体行动计划；（2）根据特定的平等标准，分配额外资源；（3）设置基本课程；（4）管理教职人员，出台教学管理法规[34]。凡此种种，都需要稳定的地方管理能力。可见，分权化改革面临的最为突出的挑战就是帮助地方实体提高管理能力，特别是在经济不发达的地区更应如此（在这些地区，民众的基本需求尚未满足的比例更高，少数民族人数较多，往往成为武装冲突的牺牲品，在自然灾害面前无能为力）。

拉美那些没有任何优势的学校，通常缺少资源，OECD国家的一些学校也是如此。图4.7表明，学生的经济/社会平均水平和学校的资源水平之间存在着联系。甚至在学校教师数量大致相同的情况下，处于劣势的学校往往能够在某些方面（如拥有教师资格的全职教师的比例）获得更多的资源，而处于优势的学校通常能够在其他方面（如教育资源的质量）获取更大份额的资源。在平衡这些教育资源的分配中，分权化改革可以起到非常关键的作用[35]。

图 4.8 社会—经济平均水平与学校资源之间的关系

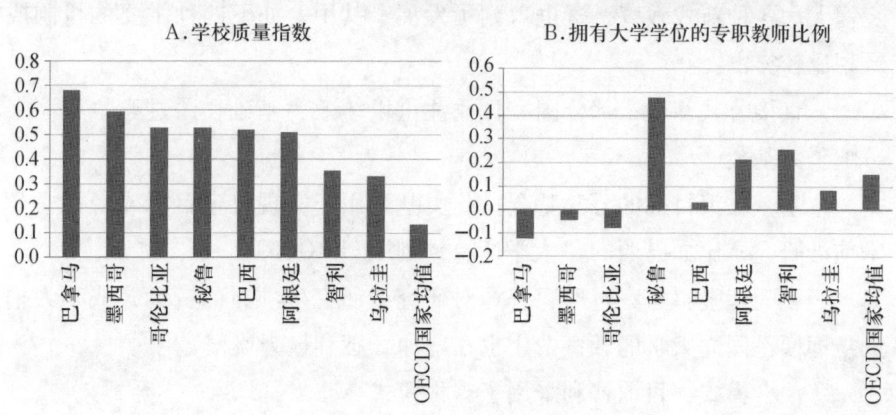

资料来源：OECD 和 PISA 数据库（2009）表 II.2.2.，http：dx.doi.org/10.1787/888932522930.

高等教育

在拉美地区，去管制化和分权化成为高等教育改革的主要推动力。因此，大学的结构、管理以及资金都发生了重大的改变。这些变化包括：在促进和资助高等教育方面，国家减少了干预；建立了高等教育评审体系和质量保证机构；采用了教育质量评估和资金分配的新标准；加强了对资源使用的管理。另外，由于受到全球化的强烈影响，拉美国家的高等教育逐步向跨国教育服务提供者开放。通过出台特别法律和法令，甚至进行宪法改革（如阿根廷和玻利维亚），拉美各国将上述变化纳入新的教育法规框架之中[36]。

上述改革大大增加了高等教育的多样性，其代价是教育平均质量下降。因此，当务之急是建立质量保证机构，以此来加强国家在教育监管中的作用。以结果为导向的新评估模式优先关注教育机构的效率和生产力，要求建立公共信息系统和后勤保障系统，使之能够提供国家和国际层面上的可比数据。在这种新的质量标准之下，随着高等教育服务中私有成分的上升，知识生产在私有教育部门中的重要性有所下降。

近年来，拉美高等教育的发展使资金来源机制的多样化面临的压力随之增大。各种新式教育融资也得到了发展，其中，如下四种主要的机制或计划比较突出：

·直接公共基金：部分国家日益注重以绩效为基础，通过竞争程序来分配公共基金。

·基于政策目标的公共基金：此类基金用于实现特定目标或者促进学术前沿研究，比如巴西的"大学所有计划"（PROUNI）。

·私人基金：家庭付费，公司对研究或研究生项目的资助，或私人捐助。即便是国立大学的教育费用也在增加（智利最为典型）。

·混合模式：目前智利采用了这种模式。

在拉美地区，就高等教育的资助而言，最为迫切的挑战是在入学和平等之间取得平衡。如果来自最贫困家庭的青年学生通过较好的就业机会来实现真正的、持久的社会流动，就必须保证这些青年能够上大学并且能够完成学业。对于一个更加平均主义的教育体系而言，其面临的挑战不是减少对高等教育的投入。相反，它需要向更多低收入家庭的学生敞开大门，要为交不起学费的学生提供多种形式的资助（如根据支付能力确定的交叉补贴或奖学金），要为学生制定更有弹性的课时表（包括晚间课时），还要提供充分的公共和私有高等教育服务。

拉美和加勒比的高等教育面临着各种各样的"传统"挑战，而这些挑战也只有通过国家的积极支持才能克服。这些挑战包括：改善教学质量；提高教育机构的效率；增强技能培训和劳动力市场需求之间的联系；增加学术研究和扩展补充教学任务。私人资源越来越多的介入教育，也无法解决教育质量的获取或公共物品的生产问题，而这些问题的解决，基本上是接受公共资助的国立大学及其他大学的责任。

除了上述这些挑战，未来拉美的大学还面临着许多挑战，比如新的科技模式，需要加强大学在发展的作用。拉美向知识经济的转型与过渡，促使其生产结构发生了变化，也使其高等教育的功能被重新定义。知识和技术开始通过学术研究成果的扩散和运用实现转移，简言之，利润的产生源于知识和技术。因此，拉美的公共部门在针对教育、科技和创新制定连续性而有效率的政策时，必须要把上述因素考虑在内。在拉美地区，大学在技术发明中的作用十分关键，因此，大学需要在拉美地区的发展中扮演至关重要的角色。

在拉美地区，大学的现代化发展，需要通过研发建立大学同生产部门之间的紧密联系。传统上，高等教育机构除了进行教学外，还有一个同样重要的任务即科研。在拉美，高等教育机构拥有绝大多数专业从事科研工作的人力资源，因而在科研方面潜力巨大。然而，就科研人员的数量而言，拉美国家尚未达到"临界质量"。从全职科研人员占积极从事经济活动的人口总量的比例来看，拉美国家低于 OECD 成员国的水平。而从科研成就和创新绩效来看，拉美也乏善可陈（见第六章）[37]。

除了研究人员缺乏外，拉美的大学还有一个特点，即人文社会科学类专业的比例较大。实际上，拉美大学生的专业主要集中在这些学科，而学习科技类专业的大学生的比例则较少。这种模式与 OECD 国家大不相同，在韩国和芬兰等 OECD 成员国中，大部分毕业生的专业都是工程和科技。之所以如此，原因在于这些 OECD 国家为了发展以高附加值制造为基础的生产体系，不断增加科技应用领域的人力资源。

由于可资利用的资源有限，大学和产业部门之间的密切联系，有助于推动高等教育从传统的使命，向新的功能转型，大学的新功能与知识和科技相关。对大学而言，与实践部门的合作能够加强对教师的培训和再培训，特别是在科学和技术的技能、科研成果的推广和实际应用，以及促进资助来源的多元化渠道方面，使大学有所裨益。就企业而言，建立与大学之间更为紧密的直接联系，有着多种原因：帮助解决生产结构中的特有问题，提供新的研发资源，实施长期战略以保持和提高竞争力[38]。

建立和加强评估体系

对学校绩效进行标准化处理的措施仍不尽完善，但已可用于提高学生学习的重要性，亦可为教师所用。例如，国际教学调查（TALIS）计划对公立和私立中学教师的教学活动首次采取比较研究的方法[39]。基于 23 国（包括拉美的巴西和墨西哥）教师的教学实践和态度的分析，PISA 发现了有助于提供教学效率的因素：教师的职业发展、教师认同及有助于塑造学习环境的其他因素[40]。这种形式的研究使我们能够对各种因素进行量化分析，例如，教师的旷工以及缺少必要的教学准备活动对学校教育质量产生何种影响。这些研究也显示了其他因素的重要性，比如教师对其工作的满意度、教师间的合作以及创造有利于教师职业发展的有效教学环境。拉美国家在评估教师业绩方面有着不同的方法，比如墨西哥采取了"教师发展计划"或新的普适评估体系，智利则推行了"国家教师评估体系（SNED）"。

尽管这些评估体系有助于理解教育体系的动态变化，但它们本身也需要加以评估并不断完善。在20世纪90年代以前，无论是OECD国家还是拉美国家，对学生成绩和教学效率进行系统性评估的做法都并不普遍。今天，对学校、教学和管理实践进行评估，已经成为确保学校体系质量的一个基本因素，特别是在私立教育不断繁荣的时代更是如此。而且，这种评估已经成为拉美国家界定相关政策的重要方法。然而，正如其他监管体系一样，教育评估体系也会带来意想不到的后果，比如为应试而教学，对教育目标不经过总体评估而修改教学课程，欺诈及其他不规范行径。为确保评估体系的可靠性，必须要继续对这些评估体系进行评估。

教育成果的公众认知度和透明度都需要提高。正如OECD国家所表明的那样，学生家长对孩子接受的教育十分满意，尽管孩子们的学习成绩不是那么令人满意。这是一个代际问题（今天的学生在学习年限方面远超他们的父母）。但是，这也表明，拉美地区并不了解教育指标。就此而言，拉美国家的实证文化有待推广，以发现那些需要改进的领域以及相关支持机制，并且对学校的教育成就予以认可。

问责制与透明度是教育体系取得成功的基本要素。在必须公开成绩的国家中，学校的自主性越大，其表现愈佳。然而，在无须公开成绩的国家里，学校的自主性越大，其表现反而越差[41]。一些国家制定了自己的计划，对学校进行评估，如巴西的"国家基础教育评估体系（SAEB）"，智利的"教育质量评估体系（SIMCE）"，墨西哥的"学校学术成就国家评估计划（ENLACE）"。而拉美也有一些地区性的评估计划，如"拉美教育质量评估实验室（LLECE）"。这些评估计划采取不同的方法（如普查和抽样分析），但是，这些计划都考虑到对学生成绩和表现进行更为精确和透明的管理[42]。国家评估体系的采用，对学校体系的平等水平也产生了影响。事实上，实施教育评估体系越普遍，学生的社会—经济背景对其成绩的影响就越小[43]。简言之，教育体系运作是否正常，取决于其本身的透明度。

国家教育评估体系的施行范围并不仅仅局限于学校，它也体现在近期推行的国际成人能力评估计划（PIAAC）之中。该计划的研究对象是OECD成员国及其伙伴国的成人学习能力。它对活跃在社会中的、推动经济发展的成人所表现出的认知能力和工作能力进行了研究。根据成人的行为及其受教育的类型，国际成人能力评估计划清晰地展示出OECD国家人力资本的储备以及各个层次的能力分配情况。该计划的首批研究成果将于2013年面世。

教师：遴选、职业、评估和激励

成功的学校体系有着共同的特征，即：训练有素、待遇优厚的教师与管理人员，方向明确的职业路径，以及恰当的奖优激励措施[44]。教师的培训、管理和职业发展规划以及校长都是教育体系的基本组成部分。国际相关研究表明，教师是学习的最重要的因素[45]。近年来，拉美国家对教育政策进行了改革，这些改革措施集中在五个基本方面：选拔、初期培训、资助、再培训以及奖励。上述各个方面，责任分配不清晰都是主要问题之一。而且，社会的教育和文化需求同教师培训之间的协调显得落后，而且对教育需求不敏感。提高教师和教育管理的专业化水平已经是迫在眉睫了，因为这会提高整个教育体系的质量。与上述做法相一致的是，拉美地区需要对知识、技能和价值界定一致的标准，而这些都与有效的教学与管理密切相关，这样做是很重要的。为了聘请新教师和校长，可以改善工作条件，建立乐观的教育体系，并为他们提供有吸引力的弹性职业规划，这些举措对学生的学习成绩会产生重大的影响。

过去二十年里，拉美国家的教师完成了一系列变化。男教师的主导型在增加。20世纪90年代伊始，十分之一的教师是女性，而在21世纪的第一个十年里，男教师的比例只占六分之一。在此期间，与中学相比，女教师的数量在学前教育和小学教育中占据优势地位，这种结构一直未变。另外，教师的平均年龄在增加。45 岁以上的教师所占的比例从 7% 上升至 28%。与此形成鲜明对比的是，在 20 世纪 90 年代，四分之一教师的年龄在 24 岁及以下，而在 21 世纪的第一个十年结束之际，只有十分之一教师的年龄在 24 岁及以下。这表明选取教师职业的年轻人越来越少。完成高等教育的教师的比例从 17% 下降至 12%。有趣的是，这种下降的趋势主要发生在中学，而幼儿园和小学老师的受教育水平则略有提升。

教师的遴选机制对提高整个教师队伍的质量至关重要。为了吸引最好的教师，建立一套招聘和评估机制十分重要，然而，拉美许多国家却并没有建立完善的机制。加强对新教师的储备是基本要求。在师范学校及其他教学机构中引入评审体系是必不可少的。有研究表明，对新教师的评估机制存在着很大的校际差异。采用比较明确的业绩评估措施，以确保所有教师都能满足最低限度的技能水平，这是一个重要的中期目标。拉美各国的教学质量参差不齐：在那些正在扩大教育覆盖面的国家中，主要问题是缺少教师，无法满足因普及而带来的教师需求量的剧增，而非教学质量和教师的选拔机制问题。

与教师职业相关的另一个重要因素是教师岗位的竞争。当前，许多教师岗位由特别委员会分配（哥伦比亚和墨西哥就是如此）。这就造成资源分配不足的问题。因此，必须采取其他形式的岗位分配制度；例如，将教师分配至最需要发挥其个人技能的学校中去。学校本身必须直接参与这些决策[46]。

除了薪水，教师的职业发展可能性通常是有限的，且尚无规则可循。对教师而言，最成功的激励措施莫过于与其职业发展的前景相关，绝非仅仅是薪水和培训机会。他们所授课程和所能得到的培训并非总是相关。因此，有必要提供培训计划，以满足教师的需求。此外，学校校长亲自参与培训班的学习，这对于学校效率的提高也是必不可少的。而且，学校校长也必须纳入教师行业的职业化之中。总体上，拉美地区没有为学校校长提供充足的培训计划，也没有出台激励学校校长提高学校业绩的措施。学校校长的任命和职业化必须清晰，要有透明的遴选计划。学校的领导团队要从学校内部和外部产生。如前文所述，校长之间的经验交流效力明显（见专栏4.5），而且还能够消减学校之间存在的绩效高低的明显不平等。因此，赋予学校校长自主权，对其领导学校运作以及更好地支持教师的教学活动具有重要的意义。校长必须有如下权力：聘请或者解雇教师，制定奖励措施，确定学校课程设置，以及管理对学校来说必不可少的教师职业培训。赋予学校更大的资金自主权，意味着学校校长要具备更好的管理能力。

拉美地区面临的另一个挑战是如何把合格的教师分配到最需要的学校。把最优秀的教师集中到最有特权的那些学校，这种倾向影响到了学校之间绩效平等的问题[47]。例如，在哥伦比亚，最弱势的地区中（如贫困地区、遭受战火之害的地区以及土著居民或非洲后裔居民较多的地区），只有不到三分之一的教师接受过高等教育；与之形成对比的是，在相对富裕的地区，超过三分之二的教师接受过高等教育。教职人员的合理分配，可能要通过合理的激励措施才能实现，这些措施与教师的报酬和职业发展前景相关。另外一个可能性是通过制定相对政策，提高那些最弱势学校的教学质量。这方面的范例是墨西哥的"国家教育促进委员会（CONAFE）"和哥伦比亚的"新学校计划"。这些计划制定了适合乡村学生的教学大纲，同时也针对教师进行继续教育，以使教师能够在特殊环境下开展教学活动[48]。

教育改革的新方向

拉美的教育面临着多重挑战。就国家在教育中的作用而言，拉美近年来在教育体系中推行的一些改革措施引发了诸多挑战。传统的挑战依然存在：扩大覆盖面和入学率，促进各阶段教育更加平等，提高教学和教育效果。然而，有一些新的需求立足于社会和经济发展的需要，特别是知识社会的需要。国家在制定政策时，也应该对这些新的多重目标作出回应。

拉美国家要优先考虑提高中等和高等教育的覆盖面。在过去的20年里，拉美地区绝大多数国家在教育体系内推行了改革，以扩大教育的覆盖面及其教育投资的影响力。其中，突出的成就之一就是初等教育的普及。然而，拉美国家在教育覆盖面、进阶和教育成就方面已经落后了，特别是在中学教育阶段更是如此。正在实施的教育体系改进措施要求扩大学前教育的覆盖面，并且延长公立学校的学生在校时间。

拉美国家的教育体系应该有助于促进平等和社会稳定。就学生的入学状况和学习成绩而言，拉美地区面临的主要问题之一是社会—经济分裂状态的持续存在。拉美国家尚未把教育体系转型为代际流动的制度，因此一直落后于其他地区。教育改革必须以促进公平为目标。拉美地区的许多教育设想都试图减少持久存在的不平等问题，这些问题都与教育体系本身（公立学校和私立学校、城镇学校和农村学校、男性和女性以及种族问题）的不平等有关，也与获得就业或薪水的机会相关。为强化一个更加具有包容性的体系，无论是是需求方的措施（例如有条件的现金转移计划）还是供给方的措施（比如合格教师分配），都已经付诸实施。

提高教育质量必须成为拉美新一轮教育改革的中心议题。今天，由于经济发展势头良好以及人口红利的存在，拉美地区在增加教育投资方面有着特别有利的形势。尽管绝大部分拉美国家增加了教育投入，但学生的学习能力仍没有大的进展。教育体系的改革不仅仅是投入更多的资金或者创造财政空间。为取得更大的影响，提高资源的利用效率，教育政策必须立足长远且有规可循。因此，关键问题是把教育改革置于优先地位，政策执行顺序应注重覆盖面目标（如基础设施）和质量目标（如教师、学校以及中央、地方机构的管理等）的平衡。

为了最大限度地发挥分权化改革的潜力，避免可能的负面后果，国家资源必须更多地投向地方层和学校层管理。分权政策能够提升学校的绩效，但也有可能带来不平等问题。这些外部性问题的根源在于中央和地方政府之间缺乏交流，而且地方政府管理能力有限。部分干预措施（如基本课程设置）最好由中央层面管理。反之，为提高政策执行的有效性，提高地方政府合理的管理能力也是必要的，特别是在一些比较脆弱、弱势的地区更应如此。然而，为了使教育体系能够有效地运转，必须要加强各个体系之间的合作。它们能够激励学校创造佳绩，也能够通过校际成功经验交流提高发展能力。

接受过新技术应用培训的经济活动人口对一国的长期发展至关重要。因此，拉美地区需要把更多的资源投向高等教育（大学和技术类院校），特别要关注家庭经济状况欠佳的年轻人。此外，教育机构与生产部门之间应该加强联系。为应对这一挑战，鼓励学生学习、实践和扩大新技术的使用是很重要的。在此背景下，高等教育政策的导向应该是增加该阶段投入的累进性。此类政策应通过交叉补贴或者弹性课时表等举措，弥补因弹性和资金来源不足而带来的缺陷。

评估制度不应局限于学校。拉美推行了国家和国际双重评估体系，因此，评估教育面临的挑战，探索处理这些挑战的机制，发现教育体系的不足，对教学法和管理实践进行量化等，都变得切实可行。然而，评估规划必须走出学校，积极吸纳学生家长参与。对成人群体技能和竞争力的考核，能够更清楚地显示他们在融入劳动力市场的过程中所需要的技能。

对教职人员的有效管理对提高教育体系的绩效也很关键。教学生涯的职业化应予以优先考虑。改善教师的工作环境和雇佣体系以及提供有吸引力的弹性职业规划，都能够对教育绩效产生显著影响。重要的是，教师职位招聘要增加竞争力度，对教师的评估也要贯穿其教学生涯始终。

注 释

1. ECLAC（2010a）
2. ECLAC/SEGIB（2010）
3. Gazzola 和 Didriksson（2008）
4. 自实施此项评估以来，参加 PISA 的国家涵盖了所有 OECD 成员国，而且越来越多的联系国也加入进来。因此，2000—2009 年间，参与 PISA 的国家的数量从 43 个增加到 65 个。
5. OECD（2010e）
6. 在阅读能力测试中，智利和秘鲁是 20 世纪第一个十年中拉美地区进步最快的国家。在数学测试中，巴西和墨西哥自 2003 年起也有进步，然而其他拉美国家的学生的成绩保持不变。在科学知识测验中，巴西、智利和哥伦比亚三国有所进步。这些国家所取得的进展相当于延长一年的学习时间，部分原因是低技能学生所占的比例在下降。
7. OECD（2010a）
8. OECD（2010i）
9. Duryea 等（2007）
10. 在所有的 PISA 样本中，24% 的男生的成绩要比 12% 的女生的成绩低。在 OECD 国家，男女生成绩的平均差距为 39 分。在拉美国家，无论是测试成绩最好的国家（智利），还是最差的国家（秘鲁），男女生成绩的差距均为 22 分。所有国家中，哥伦比亚男女生差距最小，为 9 分。
11. OECD（2010j）
12. PISA 测试使用两种成绩考核办法，一种方法与测试分数有关，另一种方法与测试分数在学校内部、学校之间以及各国之间的公平分布情况有关。
13. ECLAC（2010c）
14. ECLAC/IYO（2008），ECLAC（2010c）
15. ECLAC（2010c）
16. ECLAC（2010c）
17. Marcel 和 Racznski（2009）
18. ECLAC（2010c）
19. ECLAC（2010）

20. Jakubowski（2010），Petrow 和 Vegas（2009）

21. Pereyra（2008）

22. Psacharopoulos 和 Patrions（2004）

23. World Bank（2008）

24. Persson 和 Tabellini（2000）

25. Fagyet（2004）

26. Myerson（2006），Gradstein 等（2004）

27. Bardhan（2002）

28. Galiani 和 Schargrodsky（2002）

29. Carnoy（1999），Candia（2004）

30. Vegas 和 Umansky（2007）

31. Di Gropello（1999）

32. Cortes（2010）

33. Rapalo（2003）

34. Rapalo（2003）

35. Galiani 和 Schargrodsky（2002）；Avendano 和 Nopo（即将出版）。关于资源再分配政策的一个例子是智利的"学校补贴优先法"（SEP）。根据这项法律，每一个确定为重点帮扶对象的学生都可获得补贴。所以，学校拥有重点帮扶的学生越多，那么获得的资源就越多。同时，接受资助的学校要制定学校发展计划。墨西哥的作法也可作为例证，它制定了"优质学校计划（PEC）"和"全职学校计划（PETC）"，还出台各种方案提高劣势学校的教学质量，增加对这些学校的资源投入。（OECD，2010h）

36. Gazzola 和 Didriksson（2008）

37. 例如，只有少数国家（阿根廷、巴西、智利和墨西哥）在出版物的数量以及世界级的科技引用率方面脱颖而出。（ECLAC/SEGIB，2010）

38. ECLAC（2010b）

39. OECD（2009）

40. OECD（2010c，2010g）

41. OECD（2010d）

42. 自 2006 年起，ENLACE 考试对参加官方学习计划的学生的知识和技能进行了测试。测试内容包括西班牙语、数学以及随机主题等。超过 10 万名学生参加了测试。参见 Campos-Vasquez 和 Romero（2010）

43. OECD（2010d）

44. OECD (2010d)
45. OECD (2010c, 2010h)
46. Mizala 和 Nopo (2011)
47. OECD (2010b)
48. OECD (2011)

参考文献

[1] AVENDANO, R. AND H. Nopo (FORTHCOMING), "How Successful were Decentralization Reforms in Latin America? Evidence from the PISA Survey", Working Paper, OECD Development Centre.

[2] BARDHAN, P. (2002), "Decentralization of Governance and Development", Journal of Economic Perspectives. Vol. 16, No. 4, pp. 185–205.

[3] CAMPOS - VASQUEZ, R. M. AND F. D. ROMERO URBINA (2010), "Desempeno educative en Mexico: la prueba ENLACE". Documento de Tabajo, No. 19, Centro de Estudios Economicos, Colegio de Mexico.

[4] CANDIA, A. (2004), "Razones y estrategias de la descentralization educativa en Mexico: un analisis comparado de Argentina y Chile", Revista Iberoamericana de Educacion, No. 34, January – April 2004, pp. 179–200.

[5] CARNOY, M. (1999), Globalization and Educational Reform: What Planners Need to Know, Fundamentals of Educational Planning, UNESCO (United Nations Educational, Scientific and Cultural Organization), Paris.

[6] CORTES, D. (2010), "Do More Decentralized Local Governments do Better? An Evaluation of the 2001 Decentralization Reform in Colombia", Working Paper No. 84, Facultad de Economia, Universidad del Rosario.

[7] DI GEROPELLO, E. (1999), "Educational Decentralization Models in Latin America", ECLAC Review, no. 68, August 1999, pp. 155–173.

[8] DURYEA, S., S. GALIANI, H. Nopo AND PIRIS (2007), "The Educational Gender Gap in Latin America and the Caribbean", RES Working Papers, no. 600, Inter – American Development Bank, Washington, DC.

[9] ECLAC (Economic Commission For Latin America and the Carribean) (CEPAL) (2010a), Time for Equity: Closing Gaps, Opening Trails, LC/G. 2432 (SES. 33/3), ECLAC, Santiago, Chile.

[10] ECLAC (CEPAL) (2010b), Science and Technology in the Latin American Pacific Basin: Opportunity for Innovation and Competition, ECLAC, Santiago, Chile.

[11] ECLAC/IYO (IBERRO – AMERICAN YOUTH ORGANIZATION) (2008), Youth and

Social Cohension in Ibero – America: A Model in the Making, ECLAC, Santiago, Chile.

[12] FAUGET, J. P. (2004), "Does Decentralization Increase Government Responsiveness to Local Needs? Evidence from Bolivia", Journal of Public Economics. Vol. 88, Issues 3 – 4, pp. 867 – 893.

[13] ECLAC (CEPAL) /SEGIB (SECRETARIA GENERAL IBEROAMERICANA) (2010), Espacios iberoamericanos. Universidad y empresa para el desarrollo tecnologico, ECLAC, Santiago, Chile.

[14] GALIANI, S. AND E. SCHARGRODSKY (2002), "Evaluating the Impact of School Decentralization on Educational Quality", Economia, Vol. 2, No. 2, Spring 2002, pp. 275 – 314.

[15] GAZZOLA, A. L. AND A. DIDRIKSSON (EDS.) (2008), Trends in Higher Education in the Lain America and the Caribbean, IESALA (International Institute for Higher Education in Latin America and the Caribbean) – UNESCO, Carscas.

[16] GRADSTEIN, M., M. JUSTMAN AND V. MEIER (2004), The Political Economy of Education: Implications for Growth and Inequality, MIT Press, Cambridge, Mass.

[17] MIZALA, R. (2006), "Federalism and Incentives for Success of Democracy", Quarterly Journal of Political Science, Vol. 1, pp. 3 – 23.

[18] OECD (ORGANIZATION FOR ECONOMIC CO – OPERATIONA AND DEVELOPMENT) (2009), Creating Effective and Learning Environments: First Results from TALIS, OECD, Paris.

[19] OECD (2010a), PISA 2009 Results: What Students Know and Can Do: Student Performance in Reading, Mathematics and Science, Vol. 1, OECD, Paris.

[20] OECD (2010b), PISA 2009 Results: Overcoming Social Background: Equity in Learning Opportunities and Outcomes, Vol. 2, Paris.

[21] OECD (2010c), PISA 2009 Results: Learning to Learn: Student Engagement, Strategies and Practices, Vol. 3, OECD, Paris.

[22] OECD (2010d), PISA 2009 Results: Resources, Policies and Practices, Vol. 4, OECD, Paris.

[23] OECD (2010e), PISA 2009 Results: Changes in Student Performance, Vol. 5, OECD, Paris.

[24] OECD (2010f), Improving Schools: Strategies for Action in Mexico, OECD, Paris.

[25] OECD (2010g), Economic Assessment of Colombia, OECD Development Centre, Paris.

[26] OECD (2010h), Iberoamerica in PISA 2006. Regional Report, Santillana Education, Paris.

[27] OECD (2010i), Education at a glance 2010: OECD Indicators, OECD, Paris.

[28] OECD (2011a), Strong Performers and Successful Reformers in Education: Lessons from PISA for the United States, OECD, Paris.

[29] OECD (2011b), "The Impact of the 1999 Education Reform in Poland", OECD Education Working Papers, No. 49, OECD Publishing, Paris.

[30] PEREYRA, ANA (2008), "La fragmentacion de la oferta educativa en America Latin: la education publica vs. La educacion privada", Perfiles Educativos, Vol. 30, No. 120, Mexico.

[31] PERSSON, T. AND G. TABELLINI (2010), Political Economics: Explaining Economic Policy, MIT Press, Cambridge, Mass.

[32] PSACHAROPOULOS, G. And H. A. PATRINOS (2004), "Returns to Inverstment in Education: A Further Update", Education Economics, Vol. 12 (2), pp. 111 - 134.

[33] PETROW, J. AND VEGAS (2008), Raising Student Learing in Latin America: The Challenge for the 21st Century, World Bank Publications, Washington, DC.

[34] RAPALO, R. (2003), "Los procesos de descentralizacion educative en America Latina y lineamientos de propuesta para la descentralizacion educativa en Honduras", Coleccion Cuadernos de Desarrollo Humano Sostenible, No. 13, United Nations Development Programme (UNDP), Teguciglpa.

[35] VEGAS, E. And I. Umansky (2007), "Inside Decentralization: How Three Central American Schoo - Based Mangement Reforms Affect Student Learning through Teacher Incentives", World Bank Research Observer, Vol. 22, No. 2, pp. 197 - 215.

[36] World Bank (2008), "Strategies for Sustained Growth and Inclusive Development", report, Commission on Growth and Development, World Bank, Washington, DC.

第五章 国家与公共基础设施政策改革

概 要

本章分析了基础设施管理中国家作用所需要的改革,以提高公共投资的效率和效益,支持经济和社会发展。在运输、电信、水利和能源等经济基础设施方面,拉美与其他新兴经济体之间的差距制约了该地区的经济发展潜力和社会凝聚力。

如果不改变公共管理政策的设计和实施方式,单靠增加投资,将不足以解决这个问题。本章分析了交通运输和电信(特别是宽带互联网)等基础设施领域的政策,建议拉美国家确立一个全面可持续的框架,形成一套能带动私营机构和民间团体有效参与的明确且灵活的制度与监管体系,以此来提高政策制定能力,提升公共基础设施政策的有效性。

引 言

作为经济增长和发展的关键因素,与基础设施及其相关服务对经济活动和生活质量具有显著影响。连通性和流动性的改善使人们能够获得经济服务和基本公共服务(如教育和医疗保健),因此,在实现千年发展目标(MDGs)的进程中,各部门多数基础设施都发挥着重要作用。

本章重点分析国家所需的变革,此类变革的目标是提高交通和电信基础设施领域公共投资的效率和效益。首先,本章明确了国家在交通基础设施的供给和运作中的作用,提出有必要出台一套可持续的交通与物流集成政策,涵及中央和地方各级(5.2节)。随后,本章探讨了宽带互联网接入

第五章　国家与公共基础设施政策改革

及其潜在的社会和经济影响，侧重分析了发展宽带的公共政策，并介绍了有关宽带使用的信息和要求（5.3 节）。最后，本章提出了一些公共政策措施的建议，旨在普及信息和通信技术（ICT）的使用，提高交通运输和电信基础设施各参与者之间的一致性和协调性（5.4 节）。

拉美的经济发展因其必要的基础设施滞后而受到严重制约。在过去的二十年中，尽管私营部门的参与有所增加，但该地区仍然落后于亚洲和其他新兴经济体。这不仅影响到地区经济增长，而且使其削减不平等顽症的可能性大打折扣。2006—2020 年间，假设年均实际增长率为 3.9%，为了满足企业和家庭对基础设施的新增需求，拉美的基础设施投资需要占到地区 GDP 的 5.0% 左右。而要想缩小与东南亚地区之间的差距，该项投资须达到 GDP 的 9.0%。鉴于其 2007—2008 年度的基础设施投资仅为 GDP 的 2%，上述目标任重道远[1]。

拉美地区面临的挑战是，通过基础设施的供给，提振经济，并以可持续的方式促进平等。增加基础设施的数量和质量能够降低物流成本，并提高生产力和经济竞争力。例如，通过缩小与其他中等收入国家在基础设施上的差距，拉美经济可以促进 GDP 年均增长两个百分点[2]。此外，改善交通基础设施的可用性有助于削减不平等和社会排斥。公路、铁路和水路有助于连接农业中心和国内主要城市的市场。同样，在教育、医疗保健和政府管理领域提供电子服务，提高了这些部门的服务效率，消除了地理和经济上的障碍，扩大了相关服务对贫困和边缘化人群的覆盖。

20 世纪 90 年代公共投资的大幅下降，影响了基础设施服务的供给。在遭遇 80 年代的债务和财政危机之后，该地区大多数国家在 90 年代推行了财政稳定计划，而缩减资本投资恰在此计划之内。同时，财政稳定还限定了国家债务水平，而税收也正处于低位，这些都使得该地区的融资能力严重受限。拉美经委会的数据显示，1980—1985 年期间，拉美公共投资占 GDP 比例约为 4%，而 2007—2008 年却只有 2%。

私人投资比重的增加并不能够弥补公共投资的减少。通过实施各类计划，私人投资有所增加，但其规模仍不足以弥补公共投资的下降（相较于 20 世纪初期）。尽管投资收益增大，但除了电信和能源部门外，多数产业部门的私人投资都无法填补公共投资的紧缩缺口。此外，在某些情况下，公共政策难以吸引私营部门参与，从而导致基础设施供给不足，有时也会造成供应延误及成本超支。这使得既定目标的实现更加艰巨。

基础设施的短缺在部门和国家之间差别很大。拉美地区的差距往往集中在交通和能源领域，但即使是在总差距较小的电信领域，在一些具体部门也存在重要挑战，例如宽带互联网接入等。在交通基础设施领域，该地区存在的巨大缺口会阻碍发展，使中央和地方各级无法获取经济规模化和专业化带来的收益，并进而影响经济增长[3]。在电信领域，一些国家（如巴西、哥斯达黎加、牙买加、巴拿马和乌拉圭）就其收入水平而论，基础设施达到合理水平，但供应均等化方面存在严重问题[4]。

为了提高公共部门的效率，必须设计一系列的机制来改变部门的公共政策，并改善与私营部门之间的协作。交通基础设施政策的设计和实施应构建多模式集成化的方案，不论采取何种运输方式，都应根据交通和物流需求来建设基础设施。在交通运输特许经营方面，有必要纠正动态不一致（经济人的偏好随时间而变化）导致的缺陷。特许经营的财政核算体系特许经营、对特许经营特有风险的不当管理以及其他因素都有可能放大上述缺陷。宽带的发展则需要辅之以配套的商品和服务技术体系及协调机制，以引导众多私营机构的长期投资，而这些机构同时充当着宽带服务的供应者和使用者。

对交通和宽带互联网基础设施政策的分析表明，有必要制定更具协调性和连贯性的政策。因此，重要的是要确定一个明确的框架来阐明政策。而这能够提高资源的利用效率和效益，提升公共投入的质量，也将增进公私合营计划中的私营部门协作水平。电信领域必须加快监管体系的适应性调整，使之迎合技术融合的发展。

国家在交通基础设施方面的作用

基础设施政策的协调

公共基础设施政策面临的主要挑战之一，是如何提高各利益相关者之

第五章 国家与公共基础设施政策改革

间的水平与垂直一致性和协调性。尽管基础设施和用户之间联系密切,但是,规划政策和基础设施供应相背离以及交通运营和推广政策脱钩的现象,也是屡见不鲜。这一现象的原因可能是公共机构之间的功能重叠,甚或其直接竞争。上述原因都会影响公共或私人参与计划的效率。因此,拉美各国政府应强化机制,提高协调能力和政策的一致性,并且通过现代监管框架来平衡规划、评估、投资能力及培育之间的关系,从而需要加强与私营部门的关系。

根据一项对该地区决策者进行的调查[5],相比政策的稳定性、适应性和有效性以及公共利益的考虑,这些挑战更重要。这些定性的结果证实了不同的机构、利益相关者和公共政策专家们的意见,他们强调有关公共政策的连贯性、协调性和多种模式战略方面的问题,都是降低经济效率和生产力的因素(图5.1)[6]。

图 5.1 决策者与专家关于拉美基础设施政策的观点比较:
"基础设施部门公共政策主要方面的特征是什么?"

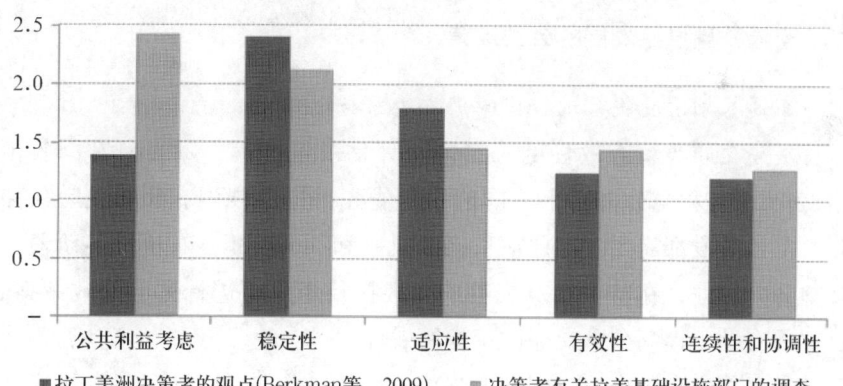

注:较低的水平表明该特点在基础设施政策方面仍然是相对薄弱点。
资料来源:Berkman 等(2009),"Policies, State Capabilities, and Political Institutions: An International Dataset", Inter–American Development Bank, Washington, D. C. (http://www.iadb.org/res/pub_desc.cfm?pub_id=DBA-012); Gutiérrez 和 Nieto-Parra (2011), "The Policy-Making Process of Transport Infrastructure in Latin America: A Review from Policy Makers", OECD Development

Center Working Paper.

统计链接：http://dx.doi.org/10.1787/888932522949

保持适当的政策连贯性和协调性，就要求建立一套适合各国结构的制度和激励框架。加大各部委和公共管理部门之间的联系是至关重要的。国家发展计划是由基础设施发展主管机构的专业人士制定的，因此加强基础设施规划对国家发展计划的协同性也是极为重要的。这必须要以长期性为重点来做，要独立于政治周期之外并与地方政府的政策相协调。

公共基础设施机构和交通运输部门之间缺少应有的协作，其成因主要是合作激励缺失且制度建设尚不完备。根据对决策者的调查，就影响力而言，以上两大成因超出了责任分配不明晰、部委间竞争以及缺少在基础设施领域的政治承诺等因素。交通、电信、电力和社会基础设施（如教育和医疗保健）等部门之间的关系存在问题，其关键诱因是合作激励缺失。哥伦比亚、萨尔瓦多、巴拉圭和秘鲁是受合作激励缺失影响最大的拉美国家，它们应优先制定基础设施各部门的整合政策。

交通基础设施发展的公共政策

交通基础设施决策过程中的优先排序与规划

提高交通政策有效性的关键在于评估决策过程，并力图发掘瓶颈因素。。决策过程可分为四个不同阶段：优先排序和规划、执行、运行和优化。在各阶段都需要考虑评估、问责机制和项目监督。在决策各阶段，合理地分配责任；在整个项目周期中，根据技术分析进行充分的政策整合。这些都有助于提高公共交通政策的有效性。

交通部门在整个项目周期面临着不同的障碍，其中尤以优先排序和规划阶段为甚。该阶段突出的问题包括：技术能力无法满足项目设计适用性要求，缺乏政策实施框架（见专栏5.1）[7]。

第五章 国家与公共基础设施政策改革

专栏5.1 拉美道路基础设施的政策决策

交通政策的决策过程是复杂和低效的。总的来说，拉美比那些在道路基础设施方面有类似经济特征的其他地区明显滞后。与其他地区的基础设施领域相比，这种滞后的原因之一似乎是在这一领域的体制观念上的缺陷。这种情况在哥伦比亚特别明显。[a]

缺乏优先排序和规划，信息问题使监测和评估复杂化，以及垂直和水平协调的缺陷，妨碍了交通政策的效果。为了确定公路交通政策决策各阶段的瓶颈，需要使用定量数据（如官方数据，前期研究）和定性数据（如对公共部门雇员和分析师的采访）。应注意以下失败经验：

1）缺乏规划和优先排序。这表现在项目建设中缺少预先分析，合同的裁定缺乏明确的设定和事先的土地研究，甚至对所述土地产权都没有。这会导致延误和成本超支。此外，一些国家缺乏公共投资的国家制度，以确认对有前景项目的社会评价，作为它们开展的一个必要条件。

2）信息问题。这些问题造成了监控和评价的困难：在一般情况下，项目的设计没有具体的实际目标（例如，目标公里数），这使得它无法监控项目的实际执行。没有现有道路的记录清单，也不清楚它们目前的状况，特别是二级和三级公路。这使得对每公里成本进行评估变得困难，并且在有关新建还是维持现有道路的问题上，成了决定成本效益比的一个障碍。

3）协调问题。体制缺陷影响了公路政策制定的游戏规则。第一，没有支持发展多模式交通运输的法律法规；第二，道路基础设施可用的资源和各级政府部门之间的（即国家，地区，市）责任，没有被明确界定和分配。

a Nieto - Parra, Olivera 和 Tibocha (2011)。

然而，各国正试图通过实施国家公共投资制度来推进项目的遴选和评估。在改善公共财政质量的同时，此类制度寻求改善资源配置，以发展和加强公共项目和投资评估系统。在需要统和各类公共或私人项目时，增进机构战略计划之间的相互协调能够减少公共基础设施投入的低效使用（见专栏 5.2）。

专栏 5.2　秘鲁公共投资的兴起：完善管理与公共投资国家制度的收益

秘鲁公共投资的水平近年来持续增加。在 20 世纪 90 年代的公共投资曾达到相似的水平，但它的融资主要来自财政赤字，并且伴随着水平很高的公共债务。在 21 世纪初期，这种情况发生了根本变化，公共投资下降到了低于 GDP 的 3%。1999 年的财政稳健及透明度法案（LPTF），设立了对综合的公共部门的财政赤字和公共开支以及债务总额的限制。此外，秘鲁创建了公共投资的国家制度（SNIP），这是一个负责秘鲁投资效率改善的国家行政管理系统，通过遵照一系列的规则、程序和技术法规并认证公共投资项目的质量。

在这种情况下，公共投资在 2000 年和 2006 年之间，与过去十年的数字相比，下降到国内生产总值的 1.5% 和 2.0% 之间。这可以归结于财政稳健及透明度法案施加的财政紧缩和公共投资国家制度的创建，使得正在实施的投资项目数量显着下降（先前的项目实施不经过事先的社会经济评估）。

从矿产品出口价格的上涨获得的额外收入和公共债务的减少，改善了公共账户并增强了投资的进程。此外，对公共开支的限制在 2006 年进行了修改，排除了基础设施的维修费用，并于 2007 年开始它们只适用于政府消费。因此，那些公共投资超过财政赤字的不再面临预算约束。[a]秘鲁在 2009 年实施了一项经济刺激计划，2010 年按照这一新的财政框架进行管理，它侧重于基础设施，因此公共投资在 2010 年再次

第五章 国家与公共基础设施政策改革

> 上升到占国内生产总值的近 6%。根据经济和财政部批准的多年期的宏观经济框架，这一水平应该可以持续到 2013 年。
>
> a carranza, Daude 和 melguizo（2011）.

项目遴选须加以改进。在新建项目和现有项目维护之间，应建立一个适当的平衡。对拉美各国交通决策的分析显示，该地区面临着改善遴选程序和提升道路质量方面的挑战[8]。较之处于最佳状况的公路，未经维护的公路在交通运输总成本及投资和维护成本方面，要高出三至七倍[9]。

动态不一致问题——改变游戏初始规则的动力——影响着交通基础设施部门的效率。政治周期可能会诱使那些准备不足的项目进行招标，而这会造成成本超支及工期延误，从而极大地影响项目的事后盈利能力[10]。此外，职业资源的稀缺性使得主管当局更愿意开设新项目，而不是修缮和维护现有项目，原因在于前者可以产生更大的政治红利。为了避免上述问题，一些国家以强化预算刚性来确保道路维修资金。

通过制度建设来扩大公共决策范围，可以解决动态不一致产生的问题[11]。对各层次服务进行单独评估，能够减少"重新建轻养护"问题。一些中美洲国家抽取部分燃油税，用以建立基础设施维修资金。然而，由于缺乏相应的激励机制，在几乎所有的实施国中这些计划已经难以维持。

第一阶段（项目确定和设计）需要评估各种备选方案和不同版本的工程评估及可行性。第一阶段成本较低，在进行到成本更加昂贵的技术和经济可行性研究阶段之前，需要确定满足需求的各种可能性。一旦选定最佳方案，项目就进入到社会可行性研究阶段。在这个阶段，公共行动应该以多模式交通运输原则为指导，也就是人或货物的一个行程或一组行程使用一个以上的交通运输方式，尽可能使其行程变得高效。多模式交通运输是模式转变战略的核心部分，而该战略是可持续的交通与物流集成政策的有机组成[12]。评估应综合考虑经济资源节约与实际收益，包括用户节省的时间、各类出行方式的价值以及负外部性的降低。如果该项目具有经济性和社会盈利性，那么不论它是公共工程项目，还是综合公共服务特许经营项目，或是两类项目的复合体，都必须以可持续性为宗旨，对项目执行中的各类备选方案进行评估。

交通基础设施领域公私合营项目的遴选与评估

拉美公私合营（PPPs）的过往经验遭到了质疑。拉美该地区交通运输部门的公共工程特许经营或公私合伙关系模式[13]，已经应用于机场、公路、铁路、港口和多模式码头的发展。20世纪80年代末和90年代初，这种模式在阿根廷、智利和墨西哥在开始使用，后来扩散到巴西、哥伦比亚、秘鲁以及中美洲和加勒比国家。然而，在各部门和各国家所遭遇的困难和挑战引起对这一模式的质疑[14]。

然而，特许经营的恰当使用可以改善服务的供给和提高竞争力。就广义而言，提供基础设施服务的特许经营合同包括私人经营者对基础设施的融资、建设和运作。在一般情况下，特许经营有助于解决传统的公共服务供给中的代理问题，还能修正那些由于政治周期和决策时间表之间相互影响而产生的政府失灵。特许权制度具有如下主要优势，可以弥补其较高的交易和融资成本：

（1）以初始投资和日后维修成本之间的平衡为前提，进行整个项目周期的规划。在公共工程的规划中，维护成本通常不包括在内；而这一问题有望通过实施服务合同的公共监督加以纠正。

（2）将需求风险转移给特许经营商，可以限制由于国家投资系统的缺陷而导致的"大而不当"项目的发展。

（3）私营部门承接了商业风险，它们能更好地消除和降低此类风险，但需要建立一个相应的更强有力的监管体系。

（4）"付费服务"日益成为趋势，这不仅对服务发展形成更明显的导向，而且能够刺激基础设施维护投资。

（5）在人力资源管理方面更为灵活和高效。

特许经营的好处往往与政府失灵相关。一般认为，公共供给系统具有两大固有问题，即国家机构存在缺陷，且政治周期导致动态不一致反复发生。以此为前提进行评估时，特许经营的收益趋于不断增加。

特许经营合同的长期性使其具有潜在的巨大交易成本。这意味着某些基础设施项目是不适合这种模式的。此外，特许经营合同并不是面面俱到的，不可能预测到特许期内所有的突发事件。在确定特许经营者时，存在逆向选择风险；合同签订后，则存在机会主义风险，而机会主义还会因体制缺陷而被放大。此外，在信息不对称和资本市场不完善的情况下，存在私营部门之间风险成本转移的平衡问题，这需要设计一个适当的激励计划[15]。

国家作为直接供给者时，可能存在政府失灵；而当国家充当特许经营的监管者时，也有可能出现政府失灵问题。政府失灵可能会损害通过特许经营创造"投资效益"的可能性。如果用特许权创建的新项目被用于政治目的，合同将最有可能得不到适当的监督。鉴于特许经营通常是固定期限的，对特许经营者薄弱的监督，不能对其维护费用的开销产生激励，从而影响合同到期后资产的价值。

要开发利用特许经营的好处，需要在评估、招标和管理特许经营合同方面，具有强有力的监管能力。面对薄弱的合同管理，特许经营商的投标价格低于他们在没有重新谈判的情况下的出价。在重新谈判过程中，他们会要求达到或提高初始的预期收入。这种持续不断的重新谈判，产生了较高的经济成本和风险，影响着特许经营模式的效率（专栏5.3和图5.2）。

专栏5.3　拉美特许经营的重新谈判

拉美特许经营监管和体制的缺陷带来了持续不断的重新谈判。20世纪90年代，在阿根廷、巴西、智利、哥伦比亚和墨西哥，接近50%的交通运输特许经营重新谈判。1993年到2007年，智利各特许经营重新谈判的平均次数是4次，对特许经营的投资将近四分之一来自重新谈判[a]。

如今，根据对拉美决策者的访谈，平均40%的特许经营合同被重新谈判（英国为20%）[b]。2010年，哥伦比亚、智利和秘鲁签署的60个公路特许经营中，50个已重新谈判，由此产生的额外财务成本是合同初始值的 50%。哥伦比亚是一个值得关注的个例，21 个特许合同重新谈判了 273 次，这使得财务开支增加或特许权期限延长。这些重新谈判的价值是合同的初始价值的 170%，相当于特许经营的期限平均增长 40%。98% 的修改是政府当局和特许经营商双边进行的，超过 70% 的情况使用未来财政资金来为谈判买单。此外，在上述所有案例中，首次重新谈判都是在合同启动的头两年内进行的[c]。

监管方面（如价格上限和投标过程）以及体制和政治方面的问题（如政府机构的质量、选举周期、缺乏独立的监管机构以及腐败），已被确认为在该地区重新谈判的决定因素[d]。延长特许期限的可能性减少了竞争，使得公路网络形成了事实上的垄断，弱化了服务供给。无限利润和有限损失之间的不对称，应归因于通过重新谈判进行的社会分配所导致的逆向选择和道德风险，而后两种风险还将增加政府未来的财政成本。

a Guasch, Laffont 和 Straub（2008）关于拉美，Engel, Fischer 和 Galetovic（2009）关于智利。

b Gutiérrez 和 nieto–Parra（2011）关于拉美，OECD（2008）关于经合组织经济体。

c Bitrán, nieto–Parra 和 robledo（2011）针对哥伦比亚、智利和秘鲁公路特许经营重新谈判的近期分析。

d Guasch, Laffont 和 Straub（2007；2008）

以"投资效益"为基础的评估，有助于确定哪种融资方式最适合基础设施工程。此类评估除了可用于分析社会可行性外，还可用以判断特许经营是否优于公共供给。多数 OECD 国家采用成本效益分析或公共部门参照值，而拉美国家通常仅对招标结果进行比较。这就使私营部门的"投资效益"具有了不确定性[16]。

财政核算的调整可以改进特许经营的选择效果，从而能够避免盲目投资，并将财政责任转嫁于未来[17]。国家不仅是控制特许经营经济效果的监管者，还是合同结束后项目工程的接受者，因此，将特许经营视作公共项目，可以提升公共账户的透明度。如果在公共基础设施投资的整体框架内核算特许经营，就能够实现以"投资效益"为基础的项目分析[18]。

图5.2 拉美（8国）：特许经营权合同的重新谈判

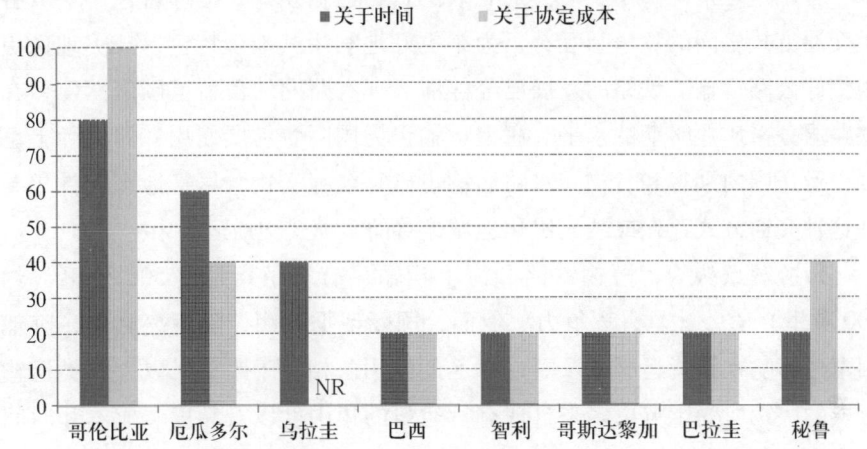

注：百分比是指占特许合同总数的比例。NR：无对应值。
资料来源：Gutiérrez 和 Nieto – Parra（2011）
统计链接：http://dx.doi.org/10.1787/888932522968

因此，拉美国家的当务之急是，在开始一项特许经营合同之前就建立可遵循的标准。一旦该项目以社会预可行性研究的方式被确定，就必须进行三大关键评估[19]：

（1）投资效益的定性评估，用来判断全部或是部分采用特许经营。

（2）对私营部门项目可行性的预可行性分析，用来确定足以吸引私营部门参与的补贴或保证金。

（3）特许经营项目的社会可行性分析，能够以未来现金流和折现率为基础，对比公共与私营项目的社会效益。

上述分析可以评估完整或部分特许经营项目，能够确定最大化净社会效益的合同形式。最后，特许经营会使预期效率和资本成本同时上升，如果进行相应调整后，现金流净现值高于传统社会评估的预期净效益，那么特许经营就是最优选择。这种分析将重点放在决策相关问题上，如民间融资带来的成本增加，抵减新增成本的必要措施和补贴，因特许经营高效性而产生的收益，以及重新谈判前后的交易成本。

多模式城际交通规划

各国地理情况决定了对其最有效的货物运输模式。地理特色影响着各类交通方式之间的竞争与互补,为了更好地利用其地理特色,拉美地区更为偏好公路运输。铁路的发展已经停滞,现有路网的覆盖范围依然停留在铁路服务采矿业时期的水平。海上运输仍为国际贸易所使用,但实际上已鲜少运送国内乘客和货物。水路运输也已是名存实亡,尽管地理条件仍允许这种交通方式存在或纳入优化地域连接的多模式交通运输中。

传统观点认为,短途铁路和海上运输只有在距离超过 500 公里(约 300 英里)时,才具有竞争力。然而,国际证据表明,除距离之外,其他因素也影响铁路货运服务及短途海运的使用。相较于距离,以上两类运输方式的决策所受影响更多来自现有货运量的集中度以及频度、成本和时间所决定的服务的适合性。

拉美国家不合理的运输模式选择不仅增加了物流成本,降低了竞争力,也使得交通运输负的外部性增加。那些规模相对可匹敌美国和加拿大的国家偏好于采用公路运送货物。除了不断恶化的公路外,上述国家的选择也使得公路在国内交通支出(图 5.3)中所占比重较大。铁路和水路的潜力在很大程度上尚未开发,而公路运输的集中度要比美国高出 15 倍[20]。

图 5.3 南方共同市场与南北美国家:货运分布(量)2007 年(%)

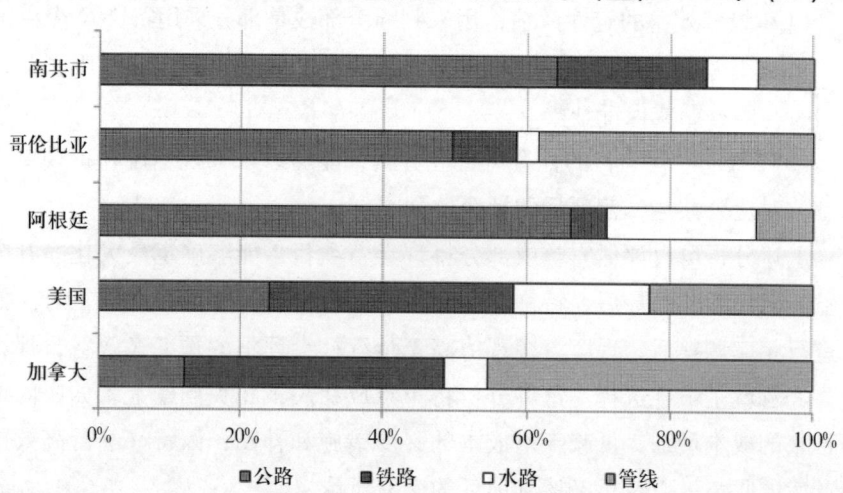

第五章 国家与公共基础设施政策改革

资料来源：Silva（2007），基于安第斯发展集团（CAF）、拉美一体化协会（ALA-DI）和美国交通统计局数据。

统计链接：http://dx.doi.org/10.1787/888932522987

私营部门的参与并不一定能改善铁路部门投资的有效性。20世纪90年代，铁路改革始于阿根廷、巴西、智利、墨西哥和秘鲁。在大多数情况下，轨道和货运两者都通过综合的特许经营来运营。墨西哥特许经营领域的改革方案不仅对横向一体化有所限制，对开放准入也有一定的要求；而其他4国在部分互不相连的路网段中，趋于采取垄断方式；这就使得墨西哥铁路市场的竞争超出了其他4国。私人参与显著提高了铁路部门的劳动生产率，并减少了铁路运营的财政成本，但无法扭转大规模投资不足的局面，以及拖延未付的维护费用愈积愈多。由此，拉美国家铁路在货运中的贡献并未增加，铁路的相对份额也远低于拥有类似地域特色的OECD国家。铁路的另一个问题是运输产品始终集中于传统商品。与美国和欧洲不同，拉美铁路并未通过引进新商品来实现其扩大生产边界的作用，也没有基于其潜力而促成某种程度的可持续性。

机制失灵可以解释河流运输份额不高的原因。部分拉美国家在海上和河流运输方面有着巨大的潜力，其现有利用率不足很大程度上源自体制失灵。例如，哥伦比亚对马格达莱纳河（承载了国内80%的河流货运，但只占总货运总量的4%和客运的5%）河流运输的规划、控制和管理均由一家独立机构（马格达莱纳大河自治区公司）来实现，该机构依据宪法独立于交通运输部之外。在这一管理体系下，对马格达莱纳河和其他水路运输之间的管理缺乏一套完整的政策；也未能产生相应的激励措施[21]。

在过去的20年，拉美地区对港口体系采取的改革总的来说是积极的。然而，部分国家的改革被推迟（如哥斯达黎加[22]和秘鲁），其外部竞争力和在相应通道上的海上运输的发展就受到了影响。目前的挑战是，如何扩大和更新特许经营合同，以应对纵向和横向的产业集中的要求，并为港口码头提供处理商业活动所需的基础设施。在不降低港口的竞争力或居民的生活质量前提下，为了有效地连接港口与城市，就需要建立连接内地和在内地二级港口基础设施的重要工程。此外，水路和内河港口发展滞后，但尚未得到公共部门应有的重视。

拉美地区缺乏多模式的规划战略,在交通运输的分配模式改进以及可持续的低碳交通方式引入方面激励不足,这扭曲了该地区交通领域的相关决策,使其在促进有关道路投资决策的同时,忽略了其他的因素。体制分割、责任分配以及机构合作方面的缺陷对不同交通运输方式(图5.4)的公共投资和补贴产生了扭曲。拉美的体制结构使主要负责公路投资的各部委将交通运输服务和公共工程集权化,这就影响了对其他交通运输模式的资源配给。

图5.4 拉美地区决策者的观点:多模式交通运输之间的协调障碍

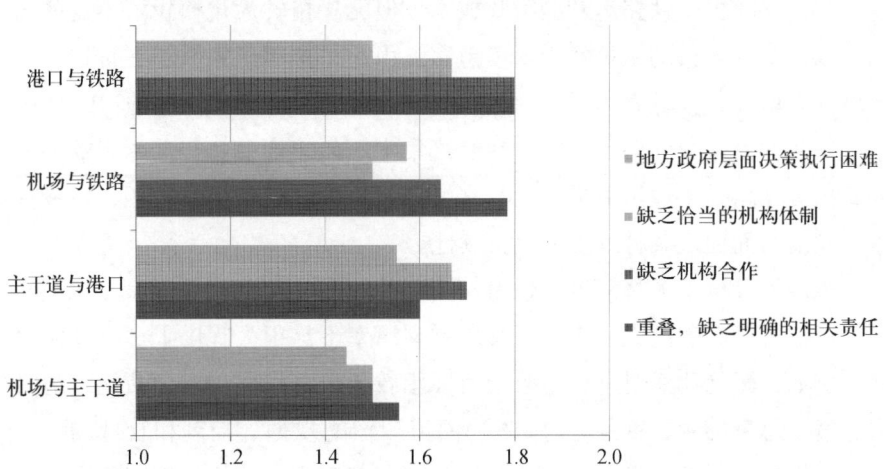

注:等级从1到3,值越高表示越重要

资料来源:Gutiérrez 和 Nieto – Parra (2011),"The Policy – Making Process of Transport Infrastructure in Latin America:A Review from Policy Makers"(OECD 工作论文,即将发表)。

统计链接:http://dx.doi.org/10.1787/888932523006

不恰当的体制框架无法明确分配责任,不能激励利益相关者之间开展合作,也限制了多模式交通运输政策的有效协调。上述缺陷尤其体现在包括港口和铁路在内的多模式交通运输方式之中,具体表现为多模式交通没有统一的定价方案。在哥伦比亚、哥斯达黎加和墨西哥等拉美国家,合作

第五章　国家与公共基础设施政策改革

激励缺失是阻碍主干道与港口、港口与铁路相连接的主因。

整合货运政策和多模式计划能够实现各类运输方式的补贴与投资之间的比较，而这种整合正是拉美地区面临的主要挑战。公路运输财务成本的提高（由于高额的公共投资和特许经营）对其他形式的交通运输形成不公平的竞争。在环境外部性显著的情况下，可以通过公共投入，保持铁路和水路的特许经营模式的准入和融资开放。在长期内，则需要采取有效的价格信号（如调整燃油税和公路通行费），以此避免对其他交通运输模式投资补贴。此外，价格补贴也会引导出现更高效和更具环境可持续性的的交通方式。

交通基础设施的垂直协调

在基础设施供给领域，交通运输、基础设施的实际建设以及相应的政府的政策和监管具有同等重要性。基础设施政策不仅要协调同级政府机构，也需要协调各级政府间合作。

中央政府主导交通基础设施政策的规划。决策者调查结果显示其他地区的案例研究中也存在同类现象[23]。基础设施（如主干道路网和铁路）的类型固然是导致这一现象的可能原因，但这也表明，整个项目周期很少有地方政府部门参与。因此，很有必要加强各级政府之间的协调合作。

在基础设施建设过程中，各阶段责任间的差异性表明存在着限制公共交通政策有效性的瓶颈。在所有参与调查的国家中，地方政府部门都执行了大范围的多种职责，从政策设计到执行监控，以及基础设施的维护。秘鲁的情况正是如此，地方政府须依法汇报其符合交通政策的职责范围。但他们在公共交通政策中的部分参与限制了联合措施有效性的发挥。

明确界定各级政府的责任能够促进更高层次的协调合作。例如，巴西的加速增长计划是一个庞大的基础设施建设计划，目前正处于第二阶段（PAC2），由联邦政府与州政府和地方相应机构协商来提供项目遴选方案。

确定地方技术规划有利于实现地域间投资协作。各级政府之间有共同目标，可以对资源转移产生强大的激励作用。近一半被调查国都有此类计划，且通常与国家发展计划或投资计划相一致。否则，各级政府间的基础设施公共支出计划相互背离，可能会导致资源浪费、重复劳动，在最坏的情况下,甚至会导致优先权冲突。

在那些具有地方交通政策的国家中,各级政府间的联系更为紧密。被调查国内,拥有地方交通政策的国家,其地方与中央政府间的协作更多,具体表现为计划实施中的责任分工。然而,由于部分拉美国家面积较小(特别是加勒比和中美洲国家),并不需要明确的地方交通基础设施规划,因为此类规划会抵消了大型投资项目特有的规模经济。即便如此,将地方战略计划纳入国家投资计划仍可促进更有效的协调。

不少拉美国家采取集权式公共财政,资源的转移往往依靠中央政府,地方基础设施建设支出因而受到制约。集权式公共财政,再加之地方政府的技术能力有限,使得责任转移因资金、运营和管理等方面的因素而变得不再可能,进而使中央政府补贴集中于陆路交通网。

就此而言,实用的做法是建立中期财政和投资框架,用于清晰而明确地界定各区域/地区应实施的政策。上述框架可以为中央和地方政府管理公共支出提供基准。跨年预算是一个体制改革的产物,旨在增加公共支出的有效性。概预算的应用推广使规划制定更具透明度和交流性。

国家在电信基础设施发展中的作用

恰当使用宽带需要更有效的公共政策

宽带的社会和经济影响取决于其在生产和社会部门中的运用。最可能产生社会效益的应用是将宽带用于提高服务的效率和效益,如教育、医疗保健和政府治理。然而,宽带在娱乐领域的普及远远超过了在上述领域的发展。真正发挥电子应用的经济和社会潜能,关键在于利用其先进功能,而这只有与高速宽带互联网结合才可能实现,后者则取决于网络所使用的基础设施和技术类型。

持续稳定的提供社会服务,需要充足的基础设施和高标准的网络连通性。医疗保健和教育的应用程序的连通性对速度和延迟时间(即由于数据传输滞后引起的互联网通信的延迟)要求极高。这些部门需要高层次的宽

第五章　国家与公共基础设施政策改革

带网络。相比之下，视频下载和社交网络应用程序有不同的宽带要求，受延迟时间影响较小（图5.5）。

宽带的应用有利于提高政府治理能力，通过精简行政管理单位的内部功能，方便了向公众提供服务并提供可获取的信息。事务性集成服务的发展要求重组内部管理流程、网络基础设施以及相关支持系统和设备。永久性网络连通为公共采购中采用更先进的、一站式的购物平台提供了条件。

过去20年中，拉美在电信基础设施部署和信息通信技术应用方面取得了进步，但在利用宽带优势促进社会和经济发展方面，仍然面临着巨大挑战。这些挑战突出表现为利用高速互联网方面的差距越来越大（图5.6）。

图5.5　不同类型的应用程序对带宽的要求

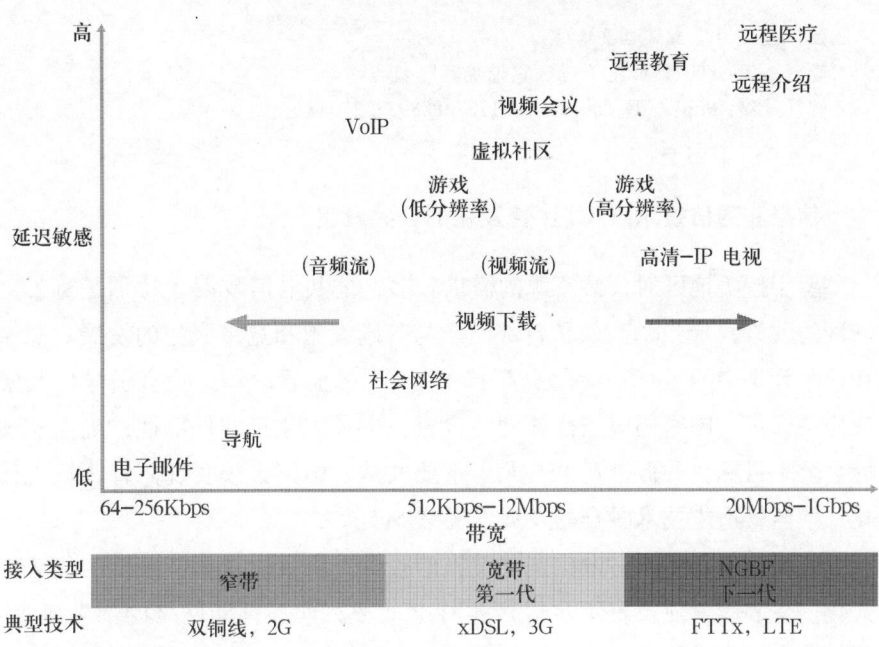

Kbps：每秒千字节。
Mbps：每秒兆字节。
Gbps：每秒千兆字节。
资料来源：OECD（2009），Friedrich等（2009），雅典理工学院思科项目。
统计链接：http://dx.doi.org/10.1787/888932523025

图 5.6 拉美及加勒比地区与 OECD：固定和移动宽带用户（每 100 户居民）

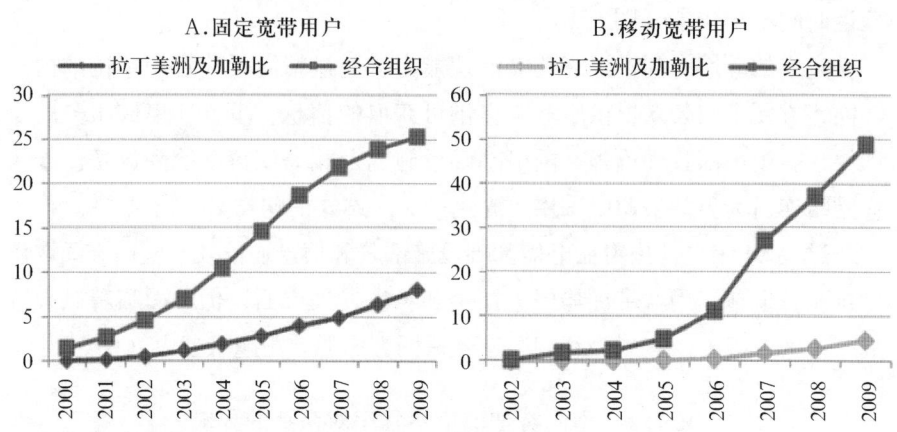

注：区域均值为简单平均值。
资料来源：ITU 数据库"地区宽带观察"数据。
统计链接：http://dx.doi.org/10.1787/888932523044

信息和通信技术（ICT）普及化的公共政策

鉴于拉美地区对公共资源的需求较多，公共电信政策（特别是宽带互联网的政策）应鼓励高效私营部门参与基础设施和宽带服务的发展。国家在这个计划中的重点功能是提高技术融合[24]的监管改革、投资引导以及解决协调失灵。国家还应进行辅助性投资，以最大化正的外部性，确保实现社会公平目标，并促进竞争。尤为重要的是，国家必须实现监管领域现代化，使监管适应技术融合的发展（见表 5.1）。

然而，仅靠私人对电信基础设施的投资，不足以使宽带系统的优势最大化。下列因素使投资不足以产生社会效率，使高性能网络的部署延迟，还使社会包容措施的效力大打折扣[25]：1. 供应商之间存在非线性关系，对宽带应用有着最低规模要求，目标是使宽带的影响最大化。（经济学家称作"大推动理论"）[26]；2. 宽带的生产和消费具有外部性，而私营部门无法获得；3. 部署光纤网络时，存在规模经济和沉没成本；4. 确认和整合边缘地带需求时，存在不少问题[27]。

第五章　国家与公共基础设施政策改革

表 5.1　国家在发展宽带系统中的作用

领域	目标	工具
系统互补性	纠正在各部门之间衔接和协同发展方面的协调问题。	国家宽带战略。需求激励和促进吸收能力。推广电子政务和本地内容。
接入和使用权平等	扩大接入和适用范围，充分利用正的外部效应（包括网络效应）。	对主干网进行公共投资。重新规划并利用来自"普遍服务基金"的资源。规划电脑采购和公众接入项目。
资源管理	有效分配和管理资源，如无线电波谱、地役权、域名和编码系统。	实现波谱使用的自由化和弹性化。国家基础设施的使用。便利化灯柱、管道和路权的使用。
规则和法规	实现监管环境现代化以适应技术融合的发展。	精简和灵活发放牌照。技术中立（独家许可）。共享基础设施战略。确定IP互连制度。
推广技术创新	加快学习进程。提高创新能力和传播最佳技术方法，推进发展进程。	数字扫盲计划和人力资本形成项目。支持微型和小型企业的创新技术应用及培训。促进学术界和信息通信技术行业之间的联系。
公共政策	修改公共政策方法以适应高度活跃、不断发展和创新的环境。	区域政策协调与标准化。成果监测机制。降低电信部门税负。

来源：Jordán，Galperin 和 Peres（2010）。

部门间协调

不具备战略眼光的宽带发展计划削弱了部门间协调，并加大资源的有效配置中的困难。制定宽带发展国家计划，需要确立高层次的政治责任，建立制衡和问责体制，规范切合实际的目标并明确责任。这些要求确保了中长期资金，进而有助于目标实现。同样，与私人利益相关者（尤其在基础设施供给和服务运作领域）、民间团体以及其他政府机构进行广泛磋商，可以防止事倍功半。

公共投资

基本电信基础设施的公共投资必须配合私营部门的投资。例如，在开放式接入和非歧视性的模型框架下，对城际数据传输网络进行的公共投资可以刺激私人在"最后一英里"领域的投资[28]。由此,中央、地方和大都市的基础设施计划都应将光纤部署考虑在内。

公共投资必须着眼于非竞争领域和潜在的私人盈利低或不存在的领域。例如,国家对非主流数据传输网络的投资,是处理某些市场环节(尤其是在主干网)出现瓶颈的一种有效的工具。此外,公共投资还有助于缩小社会差距,并能迎合贫困地区或人口低密度地区的区域发展目标,这些地区总需求和获取外部性方面的困难导致了私人投资不足[29]。

可以通过确定不同的融资措施,尽量减少直接公共投资项目对拉美国家财政账户的影响。直接公共投资项目一般集中于主干网,且主要由中央政府投资,但地方政府偶尔也会提供资金。多数融资措施并不增加直接公共支出,而是调动现有资源,并利用政府自身的网络连接需求。

调动现有的资产降低了投资需求,并使人们有可能利用技术优势来提高宽带系统的传输能力,而无需部署新的物理网络。使用现有国家级光纤网络,可使未充分利用的公共资产得以利用,并减少新的投资需求。巴西和墨西哥近来的举措提供了相关例证,它们利用了最初是用来控制和监测电网的光纤网络[30]。同样,使用其他现有和在建的基础设施(如公路),可容纳宽带网络的部分成分,也可以减少投资需求。

对政府自用网络的公共投资,减少了未来的连接成本。如果这些网络也能被家庭和企业所用,就可以增加其对社会其他领域的渗透。在所有国家中,政府都需要连接分布各地的政府部门、图书馆、大学、医院和学校,因而成为最大的网络用户。因此,有时有必要在那些对私人投资不具吸引力的领域发展政府自有基础设施。

通过再投资"普遍服务基金"积累的资金资源,可以降低"最后一英里"相关项目的风险。为本地"最后一英里"的微小运营商融资,将加快资金的使用,分担私人利益相关者的风险,还将根据本地网络需求最优化资源使用[31]。国际趋势是扩大"普遍服务基金"的资金池,以增加宽带接入[32]。

技术融合监管

监管模式不能适应技术融合的发展需要,光纤部署范围有限,这两方

第五章　国家与公共基础设施政策改革

面因素在很大程度上解释了拉美的宽带接入滞后于 OECD 的原因。拉美国家宽带渗透率平均仅达到 OECD 的四分之一，但价格却高出了 50%，速度却只有 OECD 的十分之一左右。为了支持技术融合，拉美国家的监管框架必须迅速适应当前的技术环境。此外，进一步的光纤部署将产生最有社会价值的服务所需的带宽。

鉴于与宽带系统相关技术的动态进步，有必要对监管和法律框架进行永久性的修编，以适应新技术的发展。法规必须有足够的灵活性，从而能够不断适应和应对迅速发生的技术变革[33]。恰当的规范管理框架可以促进私人投资，并将其导向那些被确定为优先发展的环节。对私人投资的监管设置也须以法律安全为前提。

拉美地区多数国家的法律制度仍然是面向单项服务的监管，不能完全适应技术融合的发展需求（见附录 5.1）。技术融合带来了一系列的挑战，如运营商提供的网络和服务的可持续性及可扩展性。这些挑战的应对之策只能是修改法规以广泛纳入电信服务，从而避免分管措施可能引发的信息不对称和监管扭曲。相关修改包括对宽带接入与其他关系公众利益的服务实施同等监管。

就此而言，监管法规应当促进现有网络在其各自所具备的技术和社会经济特征基础上，以一种高效、有序、渐进的方式向下一代网络过渡。城际和城市圈网络连接有利于"最后一英里"服务，对此类网络连接的监管可以采取"公共运营商"模式，以鼓励相关投资。这种监管模式对宽带服务提供商形成激励，能够促进竞争，并避免不必要的基础设施重复投资。

国有资源的有效管理

拉美的地理和人口特征限制了其固定网络的发展。因此，正如移动电话带动了语音服务的推广，移动宽带网络在那些需求密度低的地区有望产生类似效果。拉美拥有发展移动宽带网络重要优势，包括：较低的初始投资要求，网络部署的速度，以及基础设施投资的可扩展性和适应性。此外，移动宽带为现有大规模的移动电话网络和终端提供了升级的机会，这些移动终端设施的覆盖面早已超出固定电信网络。电磁波谱等资源对移动通信的发展至关重要。移动通讯服务的供应在很大程度上取决于波谱的可用性，而波谱接入决定了基础设施的部署成本和市场竞争结构。因此，国家必须有效地管理波谱以防止人为障碍生成，还准予特许经营来促进竞争。

鉴于可供现有和潜在运营商使用波谱具有稀缺性，波谱的有效管理成为一个关键的政策问题。这限定了网络的部署以及移动宽带网络服务的质量。由于多数"优质"波谱[34]已被分配，扩大现有服务使用或创造新的服务变得越来越难。然而，有证据表明，波谱的稀缺一部分是人为造成的，因为世界其他地区运营商所使用的某些波段，在拉美和加勒比未被利用或充分利用。在城市地区，将共享的开放性接入的光纤圈与规定的费率和功能划分相结合，有助于开发利用光纤的能力和多用途性，并能提升移动解决方案的竞争力。

公共政策方法的适用性

各国可以通过促进政府使用电子服务，来推动宽带互联网的需求。尤其是在税收管理、公共采购和养老保险制度领域，拉美国家拥有了宝贵经验，不少国家甚至已经取得了显著进步。

鼓励购买设备和终端的计划可以促进通用信息技术的应用。用户使用宽带须进行补充投资，其中包括购买终端设备。部分拉美国家已经采取了一些相关举措，如为购置电脑提供税收优惠和更为宽松的信贷条件[35]。有必要继续推广这些措施，从而扩大终端设备的保有量。

除了宽带接入缺口外，还存在着需求缺口。部分家庭和企业已拥有必要的资源和潜在的接入需求，但未成为宽带用户。数字扫盲计划、劳动力培训和技术职业提升就是希望创造利用宽带相关收益所需的人力资本，以试图扭转这种现象。拉美国家采取了多种相关举措，有条件进行成功经验共享，也有可能开展地区联合计划。

需求缺口的部分原因是，内容和服务不能满足贫困地区的家庭和生产单位的偏好与需求，或人口数量不足以吸引私人供应商。消费者对本地内容的偏好为制定政策以刺激产生并增加宽带应用需求提供了机会。部分经验值得关注，如政府鼓励产品的内容包含本地语言和农村生产者的信息系统。

尽管个人用户的数量持续增加，在中期内，可共享的宽带接入在拉美地区仍将发挥重要作用。国家的指导作用对于公共接入中心是必要的，这些中心接受公共资金资助，不仅是技能培养的场所，还是鼓励采用电子化服务和创造本地内容的基地。拉美地区的经验表明，这些中心具备培养宽带需求的潜力，并对劳动技能和学术成果产生了积极的影响[36]。

发展更高效的基础设施政策

要扭转拉美地区基础设施的落后局面，就需要国家通过出台新的公共政策并增加投资来进行干预。其中，主要挑战之一是提高基础设施领域各利益相关方之间的一致性和协调性。同级政府机构、各级的政府部门以及公共和私人利益相关者之间的协调尤其重要。例如，更好地利用现有的交通基础设施，可以降低部署宽带网络的成本。在机构方面，为了更好地协调多模式交通政策，应考虑各类交通方式外部成本的明显差异。

基础设施政策周期有效性的增加，使各国能够实现更高水平的发展。为了找出限制基础设施政策有效性的瓶颈，有必要评估和强化各阶段的决策过程，包括：优先排序和规划、执行、运作和优化。为此，有必要建立一个包括制衡制度在内的监管框架，其中，以明确界定透明度和问责机制。

在交通部门，优先排序和规划阶段的目标应该是，通过社会评估增加公共工程的社会效益。在开始新建项目和现有基础设施维护之间实现平衡，是解决这一问题的关键。

在电信部门，需要修改监管框架以适应技术融合的发展。法规应通过固定费率以及开放接入，实现改进国有资源（如电磁波谱和光纤网络）管理的目标。

国家必须运用战略眼光让私营部门参与基础设施建设，寻求最合适的合作伙伴关系以及改善服务和商品质量的可行机制。恰当的项目规划和设计，可以表明什么时候私营部门参与是可取的，而不用把风险转移作为唯一标准。为此，应鼓励创建有利环境，以便使寻租中逆向选择的风险最小化，消除动态不一致风险，减少信息相关难题，并能最大限度地提高服务供给的效率和质量。

在交通部门，对私营部门的参与（如"投资效益"分析）有必要实施严格筛选，精心设计合同，并设立不利于公共项目特许经营的财政核算制度。这将最大程度地减少特许经营的重新谈判，大幅减少隐性的财政成本。

在电信部门（特别是宽带互联网部门），有必要在私人服务无法盈利的领域建立促进基础设施发展的机制和激励措施，并优先开放网络接入。

在交通运输和电信部门，政策框架和公共制度需进行重大改革。有必要按照聘用计划来鼓励职业化、专业化和公共制度的发展，使其独立于政治周期，并有能力使用先进的工具来执行规划、评估和监控[37]。无论是监管机构，还是负责承包服务和基础设施的机构，都必须有更大的自治权，以确保利益相关者之间能够更好地协调。

附录5.1 拉美技术融合相关立法现状

国家	技术融合法规	特点
阿根廷	第764/2000号法令－解除电信管制	建立统一的电信业务经营许可证；为期60天的许可证发放期；许可证没有固定期限，许可提供各类服务，而不论持有人是否拥有自有基础设施。
玻利维亚	无	
巴西	2001年8月9日出台"多媒体通信服务法"（第272号决议）	确定多媒体通信服务（SCM）牌照；从SCM服务中划分出网络服务；提供编码的权利和SCM服务的其他资源。
智利	无	1982年10月2日出台的第18.168号法侧重于网络而不是服务提供，从而有利于"三网合一"。
哥伦比亚	2009年7月30日出台的"信息通信技术法"（第1341号法）	包括：网络和服务供给一般性授权的概念；波谱使用权的分配；技术中立。

第五章 国家与公共基础设施政策改革

续表

国家	技术融合法规	特　点
哥斯达黎加	2008年6月4日出台的"通用电信法"（第8642号法）	引入技术中立和技术融合规则；促进开放使用频段；提供电信服务的单一授权；授权处理最长是2个月；新服务只有通知监管机构才可以提供。
古巴	无	
厄瓜多尔	无	
萨尔瓦多	无	
危地马拉	无	
海地	无	
洪都拉斯	无	
墨西哥	2006年10月3日出台的"技术融合协议"，涉及本地固定电话服务、电视和音频服务	把提供语音、数据和图像的技术融合确定为一项战略性计划；促进有线和无线网络之间的融合；允许特许经营商决定哪个频段可用于其他服务。
尼加拉瓜	2005年1月7日出台的"第004-2005号管理协议"。"通用互联和准入规则"	具体定义非地理号码的访问（NGNs）、漫游、IP地址转移和下一代网络环境相关问题。
巴拿马	无	
巴拉圭	无	
秘鲁	2006年5月17日出台的"第28737号法"	促进网络和服务的技术融合；通过承包方式引入独家特许经营。
多米尼加	无	
乌拉圭	无	
委内瑞拉	2000年6月1日出台的"委内瑞拉电信法"	引入通用授权证书的简化计划；通过修改证书的属性来增添服务；监管机构在限定的时间内处理请求。

注 释

1. Perrotti 和 Sánchez (2011)

2. Calderón 和 Servén (2010)

3. Gayá 和 Campos (2009)

4. Perrotti 和 Sánchez (2011) 和 Balmaseda 等 (2011)

5. 在交通和基础规划部门决策者指导下，OECD 发起的这项调查试图找出整个政策制定进程中阻碍基础设施政策有效性的主要瓶颈。为了实现这一目标，需要分析基础设施建设过程中所涉及的不同利益相关者之间的相互作用（重点是交通）。2011 年，OECD 对巴西、智利、哥伦比亚、哥斯达黎加、厄瓜多尔、萨尔瓦多、墨西哥、巴拉圭、秘鲁、多米尼加和乌拉圭进行了调查。见 Gutiérrez 和 Nieto – Parra (2011) 的详细分析。

6. 与决策者的看法相反，专家们认为依然需要非常重视公众利益。这种差异可以归因于决策者的观点，他们认为满足公众利益应通过能够反映市民需求的公共工程来满足，而更广义的专家指数包括对腐败的看法。（Berkman 等，2009）

7. 决策者并不重视其他障碍，如其他利益相关者的影响、在不同的阶段相同机构的重叠、公民的参与有限、可用性资源的滞后等。

8. Agénor (2009)；Rioja (2003)；Calderón 和 Servén (2010)

9. 这些结果是通过使用路面劣化模型和车辆运行成本获得的，对智利（公共工程部）和墨西哥（通信与交通部）的分析分别使用第三版和第四版公路设计与维护标准模型（HDM）。

10. 有关投资和政治周期之间的关系的分析，参阅 Nieto – Parra 和 Santiso (2009)

11. 智利在创建相关机制以减少对基础设施维护偏见领域的尝试没有成功。2007年，智利通过颁布有关公共工程监督的法规，要求公共工程和私人特许经营商建立明确的可监控的服务水平责任。（Bitrán 和 Villena，2011）

12. Cipoletta, Pérez 和 Sánchez (2011)

13. 在本章中，我们不区分特许经营和公私合营。参阅 OECD (2008) 对两种模式相似性和差异性的分析。

14. 参阅 Guasch, Laffont 和 Straub (2007) 以及 Engel, Fischer 和 Galetovic (2003) 的详细描述

第五章　国家与公共基础设施政策改革

15. 金融风险和市场风险向私营部门转移的成本取决于资本市场发展的条件，这些因素影响融资成本和投标过程中的竞争水平。

16. 参阅 OECD（2008）有关 OECD 国家与拉美国家的比较。哥伦比亚国会将部分道路的特许经营纳入到已经获准的"2002—2006 年国家发展计划"中（参阅 nieto - Parra, olivera 和 tibocha, 2011）。智利是国家投资体系的区域性的开拓者，但其特许经营项目在评估阶段可依法免于进入国家体系。此外，智利并不进行充分的投资效益分析。

17. 参阅 Donaghue（2002）和 engel, Fischer 和 Galetovic（2009）有关这个论题的详细讨论。

18. 例如，英国在确定某项目是否必须纳入到公共资产负债表时，必须考虑"财产"和"向私营部门转移风险"；而澳大利亚的新南威尔士州在确定私人投资的自由水（Bulk Water）处理厂的资产和负债时，必须使用公共部门的资产负债表（irwin, 2007）。

19. 参阅经济学家情报部（EIU, 2010）以及 Bitrán 和 Villena（2011）近期相关综述。

20. 例如，在南方共同市场的铁路、海运和内河运输的参与度只有美国和加拿大的三分之一左右。标准赫芬达尔 - 赫希曼指数指数（IHH）值：阿根廷为 0.32，哥伦比亚为 0.20，南方共同市场为 0.29，而美国仅为 0.02。这表明该地区的高集中性和低竞争力。

21. Nieto - Parra, Olivera 和 Tibocha (2011)

22. 在 2005 年，近 6 万个集装箱通过陆运（不限等级的公路）来往于哥斯达黎加，以规避利蒙港存在的低效和拥塞问题，并在巴拿马寻找服务更好的港口。其中，相关额外费用在 7000 万到 1 亿美元之间。（Schwartz, Guasch 和 Wilmsmeier, 2009）

23. 参阅 Steffensen 和 Trollegaard（2000）有关非洲国家的案例等。

24. 技术融合可以被理解为，使用多个网络来提供传统的通信服务以及语音、数据、声音和图像传输。

25. Rosenstein - Rodan (1944); Murphy, Shleifer 和 Vishny (1989).

26. Rosston, Savage 和 Waldman (2010)

27. Berkman Center (2010)

28. Yongsoo, Kelly 和 Raja (2010)

29. Quiang (2009)

30. 参阅 Flores - Roux 和 Mariscal (2010) 有关墨西哥经验的讨论

31. Galperin 和 Bar（2007）

32. 例如，美国的国家宽带计划通过在各实施阶段设立基金来增加普遍服务基金的资金来源。加拿大则采用一种机制，通过拓宽电信和其他相关服务的征税面，降低运营商的税收。该机制对价格机制的扭曲较小，因而被认为更具长期可持续性。

33. 例如，移动电话和商业互联网连接的社会普及度在15年内达到了60%，而固定电话用了75年才能达到这一水平。

34. 所谓"优质"波谱或频率，是那些由于其传播特性，能够承载大量的信息并能穿透固态物体（例如树叶和墙壁）的波段。其行业需求量很大，一般可以在600兆赫（MHz）和3 000兆赫（GHz）频率之间找到。低于这个限额的频率不能承载大批量的信息，而高于其上的频率则不能长途传导和穿越障碍。

35. Laplane 等（2007）

36. Rojas Mejía（2010）

37. OECD（2010）提供了公私合营专业化的一个好案例。

参考文献

[1] Agenor P‑R. (2009), "Infrastructure Investment and Maintenance Expenditure: Optimal Allocation Rules in a Growing Economy", *Journal of Public Economic Theory*, Vol. 11, No. 2, p. 233–250.

[2] Bal maseda, M., C. Daude, A. Melguizo and L. Taft (forthcoming), "Infrastructure Patterns: An Empirical Analysis with a Focus on Latin America", *Working Paper*, OECD Development Centre, Paris.

[3] Berkman Center (2010), *Next Generation Connectivity: A review of broadband Internet transitions and policy from around the world*, Berkman Center for Internet & Society, Harvard University.

[4] Berkman, H., C. Scartascini, E. Stein, and M. Tommasi (2009), "Political Institutions, State Capabilities, and Public Policy: An International Dataset", Inter‑American Development Bank, Washington, DC., www.iadb.org/res/pub_desc.cfm?pub_id=DBA‑012, accessed 5 October 2011.

[5] Bitrán, E., S. Nieto‑Parra and J. S. Robledo (forthcoming), "Opening the Black Box of Contract Renegotiations: An Analysis of Road Concessions in Chile, Colombia and Peru", *Working Paper*, OECD Development Centre, Paris.

[6] Bitrán, E. and M. Villena (2011), "Desarrollo institucional para la eficiencia de las concesiones de infraestructura de transportes", mimeo.

[7] Bustillo, R. (2010), "Propuesta para la estructura del regulador en convergencia", presentation at the 13th Regulatel‑AHCIET (Asociación Iberoamericana de Centros de Investigación y Empresas de Telecomunicaciones) Summit, 14 July 2010, Lima.

[8] Calderón, C. and L. Servén (2010), "Infrastructure in Latin America", *Policy Research Working Paper Series* 5317, World Bank, Washington, DC.

[9] Carranza, L., C. Daude and A. Melguizo (2011), "Public Infrastructure Investment and Fiscal Sustainability in Latin America: Incompatible Goals?", *Working Paper*, No. 301, OECD Development Centre, Paris.

[10] Donaghue, B. (2002), "Statistical Treatment of 'Build‑Own‑Operate‑Transfer' Schemes", *Working Paper*, No. 02/167, International Monetary Fund,

Washington, DC.

[11] Economist Intelligence Unit (2010), *Evaluating the Environment for Public – Private Partnership in Latin America and the Caribbean: Infrascope 2010*. Economist Intelligence Unit.

[12] Engel, E., R. Fischer and A. Galetovic (2003), "Privatizing Highways in Latin America: Fixing What Went Wrong", *Economía*, Vol. 4, No. 1, pp. 129 – 164.

[13] Engel, E., Fischer, R. and Galetovic, A. (2009). "Public – Private Partnerships: When and How", Documentos de Trabajo, No. 257, Centre for Applied Economics (CEA), University of Chile.

[14] Flores – Roux, E. and J. Mariscal (2010), "Oportunidades y desafíos de la banda ancha móvil", in V. Jordán, H. Galperin and W. Peres (ed.): *Acelerando la revolución digital: banda ancha para América Latina y Caribe*, ECLAC (CEPAL), Santiago, Chile.

[15] Friedrich, R., K. Sabbagh, B. El – Darwiche and M. Singh (2009), *Digital Highways: The Role of Government in 21st – Century Infrastructure*. Booz & Company, USA.

[16] Gayá, R. and R. Campos (2009), "La brecha en el crecimiento de la infraestructura de transporte y el comercio de America Latina", Boletín FAL 276, ECLAC (CEPAL), Santiago, Chile.

[17] Galperin, H. and F. Bar (2007). "Diversifying Network Development through Microtelcos", Information Technologies and International Development, Vol. 3, No. 2, pp. 73 – 86.

[18] Gayá, R. and R. Campos (2009), "La brecha en el crecimiento de la infraestructura de transporte y el comercio de America Latina", Boletín FAL 276, CEPAL, Santiago, Chile.

[19] Guasch, J. L., J. – J. Laffont and S. Straub (2007), "Concessions of Infrastructure in Latin America: Government – Led Renegotiation", *Journal of Applied Econometrics*, Vol. 22, No. 7, pp. 1267 – 1294.

[20] Guasch, J. L., J. – J. Laffont and S. Straub (2008), "Renegotiation of Concession Contracts in Latin America: Evidence for the Water and Transport Sectors", *International Journal of Industrial Organization*, Vol. 26, No. 2, pp. 421 – 442.

[21] Gutiérrez, H. and S. Nieto – Parra (forthcoming), "The Policy – Making Process of Transport Infrastructure in Latin America: A Review from Policy Makers" Working Paper, OECD Development Centre, Paris.

第五章 国家与公共基础设施政策改革

[22] Irwin, T. (2007), *Government Guarantees: Allocating and Valuing Risk in Privately Financed Infrastructure Projects*, World Bank, Washington DC.

[23] Jordán, V., H. Galpe rin and W. Peres (coord.) (2010), *Fast – Tracking the Digital Revolution: Broadband for Latin America and the Caribbean*, ECLAC (CEPAL), Santiago, Chile.

[24] Laplane, M., F. Rodrígues, F. Gutiérrez and F. Roja s (2007), *Asimetrías de información en el mercado de computadoras personales: los casos de financiación de PC para consumidores de bajos ingresos*, ECLAC (CEPAL), Santiago, Chile, http://www.eclac.org/publicaciones/xml/8/28528/Doc123.pdf, accessed 5 October 2011.

[25] Murphy, K. M., A. Shleifer and R. Vishny (1989). "Income Distribution, Market Size, and Industrialization", *Quarterly Journal of Economics*, Vol. 104, No. 3, pp. 537–64.

[26] Nieto – Parra, S., M. Olivera and A. Tibocha (forthcoming) "The Politics of Transport Infrastructure Policies in Colombia", Working Paper, OECD Development Centre, Paris.

[27] Nieto – Parra S. and J. Santiso (2009), "Revisiting Political Budget Cycles in Latin America", Working Paper, No. 281, OECD Development Centre, Paris.

[28] OECD (Organisation for Economic Co – ope ration and Devel opment) (2008), *Public – Private Partnerships: In Pursuit of Risk Sharing and Value for Money*, OECD, Paris.

[29] OECD (Organisation for Economic Co – ope ration and Devel opment) (2009), *OECD Information Technology Outlook 2008*, OECD, Paris.

[30] OECD (Organisation for Economic Co – ope ration and Devel opment) (2010). *Dedicated Public Private Partnerships Units: A Survey of Institutional and Governance Structures*, OECD Paris.

[31] Pérez Salas, G., G. Cipoletta Tomassian and R. Sánchez (2009), "Infraestructura y servicios de transporte y su relación con los Objetivos de Desarrollo del Milenio", working paper, ECLAC (CEPAL), Santiago, Chile.

[32] Perrotti, D. and R. Sánchez (2011), "La brecha de infraestructura en América Latina y el Caribe", Recursos Naturales e Infraestructura, No. 153, ECLAC (CEPAL), Santiago, Chile.

[33] Qiang, C. Z. (2009), "Broadband Infrastructure Investment in Stimulus Packages: Relevance for Developing Countries", *info*, Vol. 12, No. 2, pp. 41–56. Rioja F. K.

(2003), "Filling Potholes: Macroeconomic Effects of Maintenance Versus New Investment in Public Infrastructure", *Journal of Public Economics*, Vol. 87, No. 9 – 10, September, pp. 2281 – 2304.

[34] Rojas Mejía, F. (2010), *Evolución de los centros de acceso público a las TIC*, ECLAC (CEPAL), Santiago, Chile.

[35] Rosenstein – Rodan, P. (1944). "The International Development of Economically Backward Areas", *International Affairs*, Vol. 20, No. 2, pp. 157 – 165.

[36] Rosston, G., S. Savage and D. Waldman (2010), *Household Demand for Broadband Internet Service*. Report for the Broadband. gov Task Force, Federal Communications Commission, Washington, DC.

[37] Schwartz, J., J. L. Guasch and G. Wilmsmeier (2009), "Logistics, Transport and Food Prices in LAC: Policy Guidance for Improving Efficiency and Reducing Costs", Sustainable Development Occasional Papers Series, August 2009, No. 2, World Bank, Washington DC, http://idbdocs.iadb.org/wsdocs/getdocument.aspx? docnum = 35028412, accessed 5 October 2011.

[38] Serebrisky, T. and L. Trujillo (2005), "A n Assessment of Port Reform in Argentina: Outcomes and Challenges Ahead", *Maritime Policy & Management*, Vol. 32, pp. 191 – 207.

[39] Silva, G. (2007), "¿Por qué las hidrovías y las ferrovías se han relegado en América Latina?", presentation at the 16th Latin American Congress on Ports, Rosario. Steffensen, J. and S. Trollegaard (2000), "Fiscal Decentralisation and Sub – National Government Finance in Relation to Infrastructure and Service Provision", Synthesis Report on 6 Sub – Saharan African Country Studies, World Bank.

[40] Thomson, I. (1999), "Concessions and Road and Rail Transport Optimization", *CEPAL Review*, No. 67, April 1999, ECLAC (CEPAL), Santiago, Chile, pp. 177 – 189.

[41] Yongsoo, K., T. Kell y and S. Raja (2010), *Building Broadband: Strategies and Policies for the Developing World*, Global Information and Communication Technologies Department, World Bank, Washington DC.

第六章　完善创新与生产发展机制

摘　要

经过一段时期面向自由贸易和出口的结构性改革后，拉美国家已经开始把注意力转向创新和生产发展战略。该地区目前正力图将自身融入全球知识经济体系内。为了实现这个目的，需要在知识经济领域内实现更好的协调行动。由于全球经济发生变化，且新技术得以应用，政府、企业、科研机构和民间团体等相关机构处在更为纷杂的环境之中。尽管存在种种困难，但是为了应对创新和技术变革的挑战，一些新的机制、方法和机构应运而生，许多国家也因而在知识经济领域取得明显进步。为了巩固进步成果，拉美地区需要支持创立新的治理模式、更强有力的机构及公共政策模式，以便调动国家创新体系里的各个主体。这些措施可以激励私营部门承担创新和研发。

引　言

为了克服可持续发展挑战以及实现包容性增长，就必须进行创新，例如"更好"的新产品、加工流程、商业模式和组织实践，又如新企业的创建。实现这一目标要求更好地协调创新政策和生产发展政策，要求采取新的公共政策治理模式，还要求私营部门基于知识和创新做出的促进经济增长的新承诺。

本章分为三节。第一节回顾了拉美国家创新和生产发展的主要趋势。第二节分析了实现国家现代化以促进创新的过程中，拉美国家所取得的主要成就和面临的挑战。在实施更为有效的政策方面，拉美国家的能力提升主要体现在四个方面：政策模式的焦点转向创新体系；引入新的治理模式；设立新的融资和技术转让机构；提高创新政策管理能力。第三节对巩固近来取得的成绩提出了一些建议。

创新和生产发展的主要趋势

在过去的十年中，创新计划给拉美发展带来了新的动力。自 20 世纪 90 年代以来，该地区各国的优先发展目标发生转变，以宏观经济稳定和通胀控制为基础的经济增长模式，现在已经回归到将创新和生产发展作为优先安排的发展战略。

创新是一个系统性的过程，它源于不同范围和不同动机参与者的自觉和不自觉的交互活动。例如，企业为应对激烈竞争，实施以市场为导向的策略；而大学、科研机构和实验室基于各自不同的标准，并不需要以先进知识的产业应用为指导[1]。创新系统中的参与者资质及其相互关系的密切程度，由企业、相关机构、激励机制，法律法规以及现有基础设施共同决定。

拉美地区多数国家仍处于早期发展阶段，需要进一步加强对国家创新系统的鼓励。拉美国家往往因为生产率低下和企业发展不足，而被看作是"先进技术的孤岛"。该地区的根本出路在于提高国内科技能力，提高将先进技术转化为具有竞争力的商业机会的能力，提供能够满足国内和国际需求的高质量就业岗位。

当前，拉美国家在创新和生产发展方面取得的进步和面临的挑战，可以总结为以下 7 个方面：

（1）生产率差距是一个存在已久的问题。拉美地区需要更多的投资来弥补这一差距。通过拉美与美国制造业生产率的动态对比，可以看到拉美国家不但没有赶上技术前沿，事实上，反而在近些年更加落后[2]。2003 年到 2007 年之间，拉美国家的劳动生产率年均增长 2%。20 世纪 90 年代中期以来，美国劳动生产率的年增长率一直在 3%—5% 之间，其原因主要是

第六章　完善创新与生产发展机制

企业管理中更多地融入了信息和通讯技术因素，从而引发了生产流程的现代化[3]。

（2）缩小生产率差距的能力取决于生产专业化程度以及融入世界市场的方式[4]。由于自然资源密集型的生产活动中存在高度的专业分工，拉美国家的滞后不仅反映在数量上（由于生产率差距），在质量上也同样有所体现。事实上，该地区生产率低速增长的同时，生产结构并未发生实质性变化。

在制造业增加值中，拉美自然资源密集型部门仍然占到了60%。而美国的知识密集型部门增长强劲，在制造业增加值中的份额已达到60%。国内产业结构的变化使美国的劳动生产率在1990年到2007年之间几乎翻了一番[5]。

（3）初级产品和以自然资源为基础的产品占该地区出口的50%以上[6]。因此，出口多样化成为生产结构调整的首要考虑。近年来，受初级产品需求增长与价格上涨推动，拉美出现出口"大宗商品化（Commoditisation）"发展。大多数OECD国家的出口结构以产品多样化和集中于中高端技术为特点，拉美国家与之大不相同。拉美地区主要有三组国家：南锥体国家，出口集中于初级产品和以自然资源为基础的产品；中美洲国家，出口集中于中低技术产品；哥斯达黎加、墨西哥和巴西等国，在该地区的出口多样化程度最高，出口中包含了中高技术产品。

（4）创新所需要的技能型人力资源的供给和需求不匹配。有必要提升人力资源的质量和数量，并创建人才吸收的激励机制。这种挑战对于拉美所有国家都是至关重要的。例如，阿根廷和乌拉圭都有着较高的教育水平，为了提高生产领域的竞争力，都需要协调教育和生产发展政策。巴西必须增加生产组合中的技术密集度，并出台相应的培训政策。该地区遭遇严重人才流失的其他小国家，则需要吸引和重新获得技能型人力资本。

（5）拉美国家研发投资占GDP的比重不到OECD国家的1/4。该比重从2004年的0.5%上升到2008年的0.6%，但仍远低于OECD国家的同期水平（2004年和2008年分别是2.2%和2.3%）。该地区各国在研发投资方面的差异性近年来日益增加。例如，中美洲国家研发投资占GDP的份额不足0.1%，而巴西则达到了1.2%。

图6.1 生产结构专业化和劳动生产率：拉美和美国，1990—2007年（%）

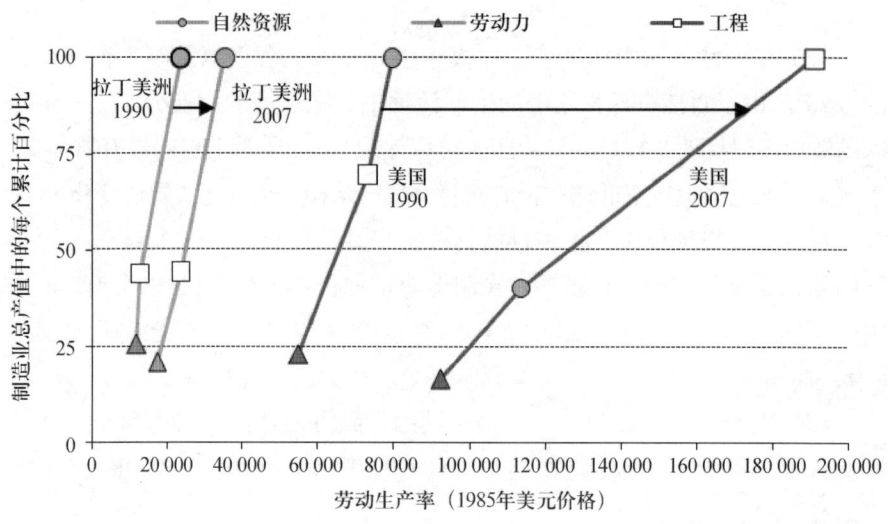

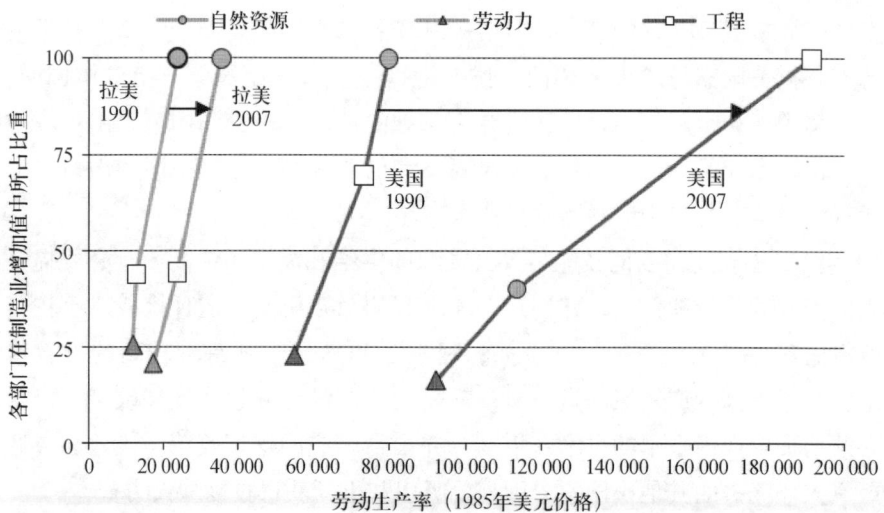

注：自然资源、劳动和工程密集型产业部门所从事的经济活动分别对应于国际标准产业分类（ISIC 第3版）15 – 17、20 – 21、23 – 24 和 26 – 28；18 – 19、22、25 和 36 – 37；29 – 35。

资料来源：ECLAC（2010a）

统计链接：http://dx.doi.org/10.1787/888932523063

第六章 完善创新与生产发展机制

图 6.2 研发投资占 GDP 的比重：拉美和加勒比部分国家，2004－2008 年（%）

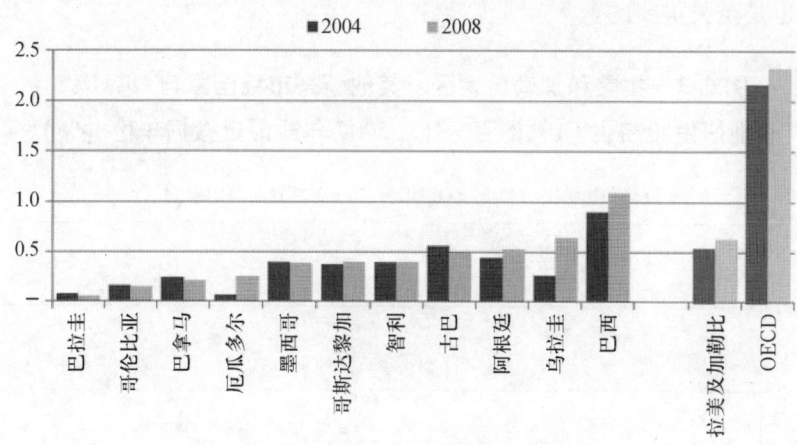

资料来源：联合国教科文组织（UNESCO, http://www.uis.unesco.org/pages/default.aspx）、伊比利亚－美洲科技指标网（RICYT, http://ricyt.org）、主要科技指标数据库（MSTI）、经合组织数据库（OECD）。

统计链接：http://dx.doi.org/10.1787/888932523082

（6）私营部门在创新和研发上的投资较少。与发达国家不同，拉美国家的私营部门对创新的贡献很少（见图 6.3）。除了来自公共部门的大力支持以外，如果私营部门的投资没有实质性的增加，研发差距很难缩小。因此，非常有必要制定一些激励措施和政策，以鼓励私营部门投资创新活动。这就需要协调好技术和创新政策与生产发展政策之间的关系。

除了巴西企业的研发投资相对较多以外，拉美企业的科技活动集中于购置机械设备。这种现象与 OECD 国家形成了鲜明对比，OECD 企业把销售额的很大比例用于研发以扩大知识储备和开发新应用（图 6.4）。这就可以解释为什么拉美地区创新系统的联系密度呈低水平。有关创新的调查研究表明，企业和科技研发机构之间的合作较少。在墨西哥只有 4.5% 的创新型企业与有研发项目的机构合作；这种合作在部分拉美国家出现扩大趋势，如阿根廷和乌拉圭，但开展合作的创新型企业的比例仍低于 12%[7]。这主要是由部门的专业化程度（大多数企业处于低知识密集型的部门）以及对私营部门与科研机构加强合作的文化和激励不足所引起的。制定支持创新企业出口的企业发展计划，对于创建一个有利于私营部门创新投资的环境也是至关重要的。

图6.3 拉美和加勒比地区、其他新兴市场国家与OECD：
企业研发投资占GDP的百分比，2007年或最近数据年份（%）

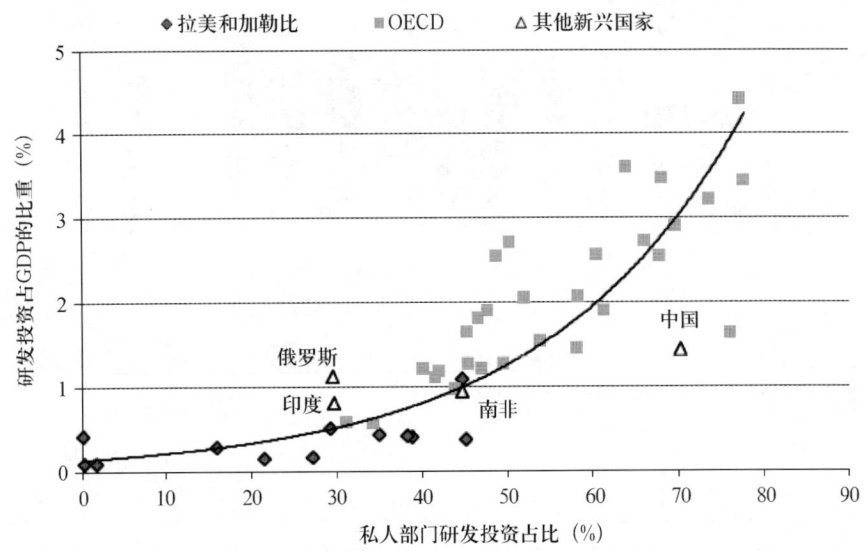

注：数据年份：2002年的玻利维亚、2004年的瑞士、2005年的巴拿马和巴拉圭和2006年的澳大利亚、中国、以色列和南非。

资料来源：联合国教科文组织（UNESCO, http://www.uis.unesco.org/pages/default.aspx）、伊比利亚-美洲科技指标网（RICYT, http://ricyt.org）、主要科技指标数据库（MSTI）、经合组织数据库（OECD）。

统计链接：http://dx.doi.org/10.1787/888932523101

第六章 完善创新与生产发展机制

图 6.4 拉美和加勒比地区与 OECD：制造业创新活动重点（销售额百分比），2010

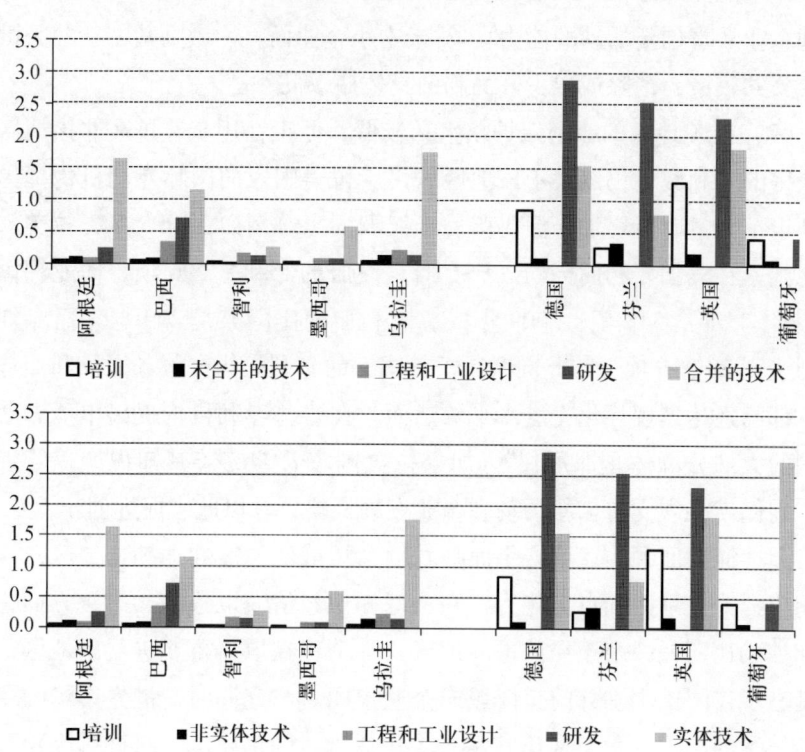

注：基于波哥大手册（2001 年），实体技术包括资本品（机械及设备），涉及企业的技术变革，并且与新产品或新工艺和硬件有关联。非实体的技术是指许可和技术转让（专利、商标、工业秘密等）、咨询（生产、产品、生产系统的组织、组织和管理、财务、销售）和软件。工程和工业设计（EID）包括计划和旨在设定流程的草图、技术规格以及生产新技术产品和实施新工艺所需的操作特点。

资料来源：ECLAC/SEGIB (2010), *Ibero-American Spaces. Links between Universities and Businesses for Technological Development*, ECLAC, LC/G. 2478. Santiago de Chile. 基于拉美"国家创新调查"（阿根廷：1998—2001；巴西：2001—03；智利：1998—01；墨西哥：1999—00；乌拉圭：2001—03）以及"欧共体第三次创新调查"(CIS3)。

统计链接：http://dx.doi.org/10.1787/888932523120

拉美企业开展创新活动的总体状况好坏参半。不同规模的企业，其创新行为也大为不同。该地区的中小企业比大企业面临着更大的创新障碍。

"国家创新调查"表明，小型企业面临更多阻力，比如信贷市场的进入、分散风险能力的降低、规模化难题以及出口壁垒等。这些障碍大大降低了小型企业从事创新活动的能力[8]。对于中小企业而言，激励其创新的关键是出台公共政策，消除或减少其面临的具体瓶颈问题。

（7）拉美地区的专利保护权水平较低，但正在逐步改进。非该地区居民获得的专利数量仍然大于该地区居民。拉美国家向国际专利机构提出的专利申请数量有所增加，但仍落后于亚洲国家。例如，1995年，拉美和加勒比国家在美国专利商标局（USPTO）注册的专利是196项，而亚洲国家（除日本）是3 545项；2009年，拉美和加勒比国家是290项，而亚洲国家则达到20 036项。与此同时，拉美国家的专利机构在服务提供和业务流程上都已经达到现代化先进水平。然而，在这些专利机构提出申请和获得专利的大部分群体是非居民[9]。如果拉美国家希望完善其知识产权管理体系，它们就必须支持创新活动和企业发展战略，并以此来促进创新。

上述简要回顾描述了一个面临着巨大挑战的拉美和加勒比地区，该地区期望提升竞争力和自身能力，在全球知识经济获取成功。另一方面，拉美和加勒比还是一个正在前进的地区，一个正在取得重要进展的地区，只是其进步仅限于个别部门、区域或企业集团。与此同时，世界市场的变化和新技术的出现（信息通讯技术、生化技术、纳米技术、新材料等）赋予了创新活动新的形式，增加了其复杂性和类型。这些新技术不但要求大量的研发投资，还需要辅助性的活动（如商业和技术服务、培训、基础设施、企业发展等）。为了完善政策工具，为了增加资金来源以加强公共行为的影响力，开展企业、大学、社会团体和公共部门机构之间的对话合作是至关重要的。

面临上述巨大挑战，拉美国家必须转变公共政策和机构能力以支持创新。在中短期内，创新政策有望影响一国在世界市场的竞争力和就业创造，并将创新提升至政府计划及公私部门预算的首要位置。

在多变的国际市场中，预算的约束和不确定性的存在要求提高公共政策管理效率，以应对不断变化的环境。只有通过支持公共政策制定和实施中的制度性学习，通过投资改善机构能力和治理模式来促进公共政策间协

第六章 完善创新与生产发展机制

调,才能有更透明、更高效和更高收益的公共政策。

以国家现代化促创新:拉美的进步何在?

拉美国家通过现代化来促进创新,取得以下四大领域的进步:(1)引入了以加强国家创新体系为重点的公共政策模型;(2)在政策制定方略上采用了新的治理模式,重点为各级政府(垂直和水平协作)之间的谈判和协作创造空间;(3)出现了新的政策工具,特别是引入了新的融资机制和技术转让支持体系;(4)强化了技术和政策管理层面上的机构建设,例如,通过建立战略情报单位来制定战略并评估政策影响。

政策模型的演变:从线性供给到创新体系

近年来,拉美国家在政策制定和实施(程度略低)方面已经获得经验并取得了进步,在创新政策的管理方面也推行了重要的机构改革,但各国步伐和实现水平不一。

拉美国家在创新政策制定和实施方面的经验,可以追溯到20世纪50年代(见图6.1)。在初始阶段,尽管没有明确的创新政策,但是国家为科技发展以及未来科技政策管理的机构基础设施奠定了基础。在这个时期,一批研究机构和科学咨询机构的设立,提高了该地区内部的科学能力,支撑起国家工业化发展战略。这一时期的目标是,通过将创新政策的重点转向国家发展战略部门,实现技术进步和机构建设,从而摆脱依附性的外围条件[10]。

到20世纪80年代后期,这种模式已达到了极限,结构性改革也带来了一些变化,政策重点随之转向贸易自由化和出口导向性增长。这个时期内,公共政策发挥着边缘化作用,主要工具是以增加私营部门需求为目标的激励措施。机构实现了现代化和精简化;为了避免功能重复,部分机构被撤销;新的管理方法更适于私营部门,企业和科学领域的联系因而有所减弱。此外,一些重要的配套活动也被压缩,如曾促进当地农业生产吸收先进技术的农村扩展服务。这一调整降低了公共研究机构的影响力及其将知识转换到生产领域的能力[11]。

近期,拉美国家开始转向更加先进的创新政策模式,以科学和生产部门间的互动为重点,以公私合营促进技术发展为重心。首先,信息和通讯技术范式的传播吸收了大量创新计划。在国家现代化过程中,有关信息通讯技术的获得和使用的问题,无论对于公共部门的管理还是服务的供给,都已经成为地区各国的中心战略。这带来公共管理方面的进步,并为公共政策管理创造了更好的新方法。这一时期内,与其他政府机构相似,负责制定创新政策的机构也进行了管理改革,增加了政府开放度,增强了与政策对象之间的各类交流。由于存在特许费和信息技术服务,在某些情形中,上述现代化改革会增大公共机构的管理成本。此外,由于体制内的参与者之间迥然有异,向电子政务的转变扩大了用户间准入差距,而这种差距取决于各用户的技能和定位。

过去十年中,拉美地区一大重要突破是,"国家创新体系"概念成为制定和实施创新政策的框架。这种方法把创新设想成一种复杂的、非线性的、非决定性的现象,要求这个体系内的不同参与者(如企业、大学和研究中心以及建立这些参与者之间激励和合作治理系统的公共机构)之间相互影响。

无论是在战略还是在资金的水平上,上述方法要求建立一套公共政策模型,纳入公私合作和合伙关系的形式与激励措施。因此,负责创新政策的机构需要新的对话空间和协商能力。这就使得学术界、企业界和民间团体等不同利益群体之间找到了共同点。

表6.1 主要的创新政策模式

	线性供给模式	线性需求模式	公私合营模式	面向新的模式?
时期和国家发展战略	进口替代工业化	华盛顿共识,结构性改革,出口导向型增长模式	后华盛顿共识,新技术范式的传播以及自然资源出口为导向对增长的支持	自然资源价格上涨阶段和2008年后,寻求新的经济增长源、绿色经济和国内需求作用的提高

第六章 完善创新与生产发展机制

续表

	线性供给模式	线性需求模式	公私合营模式	面向新的模式?
创新政策框架	结构主义	市场失灵	国家创新体系	部门创新体系
基本假设	公共部门是科学知识的主要提供者	私营部门是技术变革和创新的动力	认识到私营部门和公共部门在知识产生和传播中的互补性	
部门集中	是	否	否	否
知识传播方式	自上而下	自下而上	双向	系统性
主要政策方法	集中的和有选择的政策 致力于支持创建国家制造业	以需求为目标的横向政策和激励机制（产业政策缺失）	支持创建有关创新的联营和网络并以技术转让政策为重点（产业政策缺失）	涉及私营部门和部门集中的创新激励措施（产业政策恢复）
科技和创新机构的治理和管理标准	面向科研的集中模式 科研计划和学术部门占主导	最简体系以及市场机制与效率准则的普及	管理机制的现代化（合理化和现代化），逐渐过渡到参与式开放管理，发展公私部门合作的机制	更先进的机构治理模式，强调各级政府部门（横向和纵向）和公私部门之间对话的机制和激励措施

过去十年中，拉美地区一大重要突破是，"国家创新体系"概念成为制定和实施创新政策的框架。这种方法把创新设想成一种复杂的、非线性的、非决定性的现象，要求这个体系内的不同参与者（如企业、大学和研究中心以及建立这些参与者之间激励和合作治理系统的公共机构）之间相互影响。

无论是在战略还是在资金的水平上，上述方法要求建立一套公共政策模型，纳入公私合作和合伙关系的形式与激励措施。因此，负责创新政策的机构需要新的对话空间和协商能力。这就使得学术界、企业界和民间团体等不同利益群体之间找到了共同点。

起初，创新议程产生于国家创新系统方法的一个简化版本，重点是设计政策工具以支持公私部门之间的创新协作。一定程度上，原材料和自然资源成本的上升，促使拉美经济恢复持续增长，这有助于创新政策模式的进一步发展。而资金潜在来源增多以及促进竞争多元化的政策需求增加，也有利于促进创新政策模式发展。利用自然资源出口所得收入为创新融资，要求有明确的治理模式，并能开展私营部门和自然资源供应地区之间的对话。同时，创新资金来源可获性的增多，增加了有关"做什么"和"怎么做"的压力，需要有更好和更透明的机制来监控和评估。

可持续的稳定增长需要寻找有效的公私互动模式，以支持引入新的生产流程、新的产品、新的企业模式和新的生产组织方式。创新政策模式需要转向支持能够创造科技能力的前沿部门；同时还需要促进生产的现代化，以及采用边际创新，以提高现有企业的竞争力。这些模式的推行要求各级政府部门具备较高的机构能力。

设计战略的新治理模式

在创新体制框架及其在政府权力结构中的地位方面，拉美国家之间存在很大差异。只有阿根廷、巴西、哥斯达黎加、古巴和委内瑞拉五国设有创新部。其他国家主推的模式各有不同：智利和尼加拉瓜设有直接隶属总统的国家创新委员会；墨西哥和秘鲁设立了隶属于各部委（通常是产业或教育部）之下的国家委员会。

体制模式有不同的类型，其中不同参与者之间的复杂性水平和接触频率各不相同。巴西拥有最复杂的制度体系。巴西科学和技术部协同发展、工业和外贸部及巴西开发银行（BNDES），在战略的制定和执行上发挥主导和协调作用。此外，巴西还有不同的机构负责计划的实施和融资，如巴西创新署（FINEP）为企业创新计划提供资金；国家科研委员会（CNPq）为科学研发项目提供资金。尽管全国各地之间差异显著，巴西却有着非常明晰的管理结构，各州的各级政府部门都有自己支持研发的基金会。其他拉美国家的模式则相对简单，部分国家（如墨西哥）的管理模式较地区邻国（如智利）更为分散。

第六章 完善创新与生产发展机制

尽管国家之间存在差异，但几乎所有拉美国家都把创新作为国家优先发展的议程。然而与增加预算分配水平相比，创新的重要性更多地体现在由其引发的争议中。最大的挑战是创新政策的制定和实行，一方面要支持结构变化和生产多样化以及创建新的部门，另一方面还要促进传统部门的现代化和竞争力的提高。

此外，一些结构上的缺陷继续阻碍创新政策的制定，并妨碍其朝着更加务实和有效的政策模式转变。创新政策要更有效率就需要实际的资金支持，例如，近来乌拉圭在体制化和促进创新方面所取得的进步，就归功于金融与经济部对国家创新战略的支持。

制定政策工具的缺陷包括：（1）规划能力差，资源分配倾向于短期评估；（2）监控和评估项目实施的能力较弱；（3）政策制定和施行之间的反馈机制不充分；（4）过度关注"投入"（高研发和高质人力资源等）而不是预期"产出"（出口企业数增加、更多更好的就业岗位、新的生产流程和/或服务的引入等）。

生产发展和创新政策之间长期缺乏协作，但这一情况近年来在一些国家已经发生改变，其部分原因是部门资金对创新的支持。

近年来，拉美国家优先对治理和管理创新的政策进行了一系列改革，旨在提升国家能力，以支持在新的全球经济形势下开展创新。大多数国家都建立了新的机构和/或新的治理模式来制定创新战略。例如，阿根廷在2008年成立了科技和生产创新部，以回应促进生产力发展和创新的期望，并提高科技部门和企业之间的合作。智利创建了国家创新竞争力委员会，取得了机构建设的重大进展；创新部长委员会的运行使创新成为政府议程的一项关键议题。

制定创新战略的需求不断增长，为此，有必要为纵向和横向协调提供新的空间。事实上，除了继续发挥其在农业和制造业发展中的传统作用外，创新正日益成为各部委（如卫生、能源、环境和教育）议程中的交叉议题。

愈来愈有必要增进各部门（各部委）议程之间的协作，并以此来增加公共行动的有效性。但是，这也加大了管理创新政策的复杂性，原因在于各类创新观点和概念之间存在差异，需要配合以不同的公共政策工具。为了应对这些挑战，巴西创建了创新政策和生产发展政策之间的协调机制。就此而言，巴西科学技术部与发展、工业和外贸部及巴西经济和社会开发银行（BNDES）之间的合作关系，是在机制设计方面取得的一个明显进步。同时，为了与近期社会包容式增长的国家战略相一致，巴西科技部支持联邦政府加强机构建设，以促进生产结构的多样化，增加国家的科学、技术和生产实力。

> **专栏 6.1　拉美地区战略制定的新治理模式：阿根廷、巴西、智利和墨西哥经验的简要回顾**
>
> 阿根廷在科学发展扶持方面，拥有悠久历史，并因而引人注目。相关扶持措施可追溯至20世纪50年代初，彼时，阿根廷投资建立了公共研究机构，如国家原子能委员会（CNEA）、国家农业技术研究所（INTA）、国家工业技术研究所（INTI）和国家科学和技术研究委员会（CONICET）。近期，阿根廷又投资创建了新的公共政策治理模式。下列措施有利于实现政策衔接及纵向和横向协调：
>
> ·创建科技和生产创新部（2008），负责制定政策和方案，并负责监督政策推广、监管和执行机构（科学和技术促进国家机构［ANPCyT］和CONICET）。
>
> ·创建科技内阁（GACTEC）和机构间科技委员会（CICyT），负责政策协调。
>
> ·合并国家科技委员会（CONCYT，负责发放科研补贴）和技术基金会（FONTAR，管理企业创新）。
>
> 巴西的国家科技委员会（CCT）负责科学技术和创新领域的战略制定与协调，并直接向总统报告。国家科技委员会有以下任务：提出国家科技政策；确定政策计划、目标和优先安排；进行评估；针对其职权范围内的个别问题发表意见。委员会由负责科技领域的政府部长、科技

第六章 完善创新与生产发展机制

团体（大学、机构和地区）和企业代表组成，总统担任主席，科技部部长担任执行秘书。

科学和技术部负责执行科技政策。国家科学和技术发展委员会（CNPq）是实施创新政策的主力，其目标是发展科学和技术研究，特别是通过奖学金、助学金及"研究与发展项目（FINEP）"，支持公私机构的科技与创新行为。其他关键参与者包括：高级人才促进协调会（CAPES，支持研究生项目）、巴西经济和社会开发银行（BNDES）与发展、工业和外贸部（MDIC），为有助于国家发展的项目提供长期融资，包括支持种子项目和风险资本创新举措，并对创新项目直接融资。

巴西有不少国家级基金会和公共技术研究所从事研发活动并提供技术服务，还有部分国有企业（巴西国家石油公司和巴西农业研究公司等）开展前沿领域的研发。

智利的国家创新竞争力委员会（CNIC）成立于2005年，负责制订中期战略，并依靠学术和企业部门规划和完成其职责。

部长委员会（CM）确保部门之间的协调，由经济部长担任主席，由负责创新相关领域的部长、私营部门和学术界的专家和代表组成。部长委员会管理国家创新竞争力基金（FIC），对铜矿开采收取特许权使用费，并与主管机构（国家科学和技术研究委员会（CONICYT）和经济发展署（CORFO）等）签订合同，确定优先项目计划。

政策治理系统逐渐形成两大支柱：经济部（负责企业创新）和教育部（负责高等教育和基础研究）。

国家创新竞争力委员会和部长委员会的创建，推动了战略制定与优先机制向前发展，并且催生了分析评估创新政策的新机构。智利尝试性地建立了协调创新预算和支出的机制，并推出新的政策工具，鼓励有针对性的创新，而不是横向（集群）创新。但是，智利的政策治理系统仍然存在一些结构性缺陷，需要进行制度现代化建设。此类缺陷包括国家创新竞争力委员会的能力不足，无法吸引私营部门参与并承担创新，也鲜少与财政部（预算办公室）在支出优先安排方面达成一致。

> 墨西哥，国家科学技术委员会（CONACYT）是联邦政府的一个咨询机构，专门研究联邦政府的公共政策。它促进了科技、创新和发展方面的研究以及国家的技术现代化。
>
> 国家科学技术委员会是创新政策战略管理的领导。该委员会引入了部门基金来支持创新，其重心职责就是强化创新支持。委员会拥有完善的机构设置，在各州均设有办事处，能够通过调动当地参与者来提升企业竞争力。其任务包括：促进基础研究和应用研究，管理培训计划，培养合格的人力资源，以及促进生产创新。
>
> 墨西哥也设有州科学技术委员会。此类委员会通过国家科学技术大会，与联邦级委员会协作工作。此外，在国家科学技术委员会的协调下，一些研究团体也加入到公立大学所进行的工作中。与此类合作相补，部分科技服务供应商连接起企业与技术机构（提供信息、咨询和培训），例如产业情报和资料基金（INFOTEC）以及国家加工工业商会（Canacintra）。
>
> 来源：OECD（2011）。

引入创新融资和技术转让的新工具

实施创新和生产发展政策，关键在于资金机制的设计。该准则尤其适用于这样的一些国家，它们的私营部门大多不了解科技和创新对提高生产力和竞争力的重要性，且自然资源开发往往伴有寻租行为。

以促进研发和创新（RDI）投资为目标的公共政策应考虑如何引入私营部门，还要虑及种种瓶颈因素，如与研发投资相关的高不确定性、高利率、高成本、信贷市场准入条件不佳（尤其是小公司）、与其他企业和大学以及科研机构建立联系的可能性有限，以及市场准入和出口发展的困难，等等。

依据不同的分类标准（见图解6.1），可将针对企业研发和创新投资的激励措施划分为：直接激励（税收抵免、无偿补贴、补贴性信贷等）或间接激励（技术型人力资源培训，公共物品投资，商业中心、孵化器和公

第六章 完善创新与生产发展机制

园,技术服务中心等)。这些措施还可划分为横向激励或选择性激励(基于其依据部门和公司规模等来区分受益者的性质)。

图解6.1 企业创新激励措施的主要特点

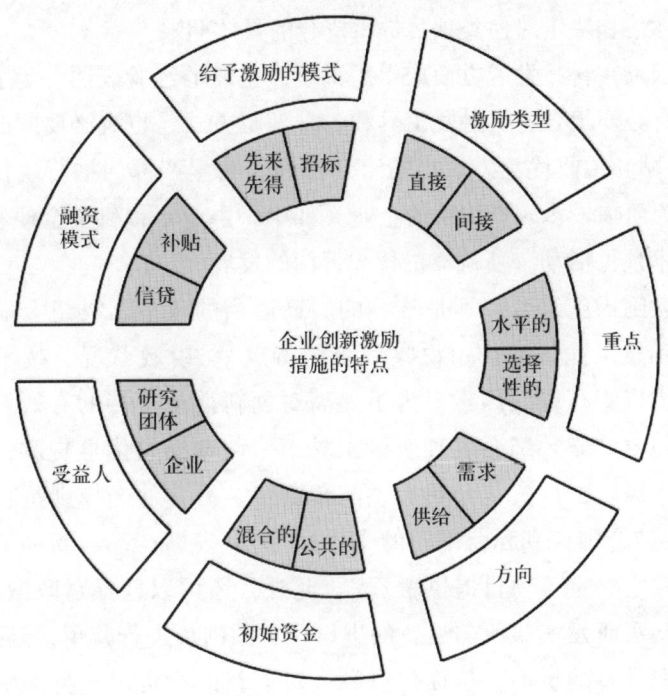

资料来源:作者制作
统计链接:http://dx.doi.org/10.1787/888932523158

创新激励可以针对供应方,在这种情况下,公共部门制定激励措施以推动私营部门对研发和创新的投资;也可以针对需求方,此时,公众对项目计划产生需求,而私营部门提供研究和创新项目。

企业用于资助创新活动的资金可以来自公共部门(通过资金再分配或多边贷款);也可以是从生产部门融集的混合资金,如智利的采矿特许权使用费或巴西的部门基金。存在两类主要的融资模式:贷款或者补助金和补贴。两类模式各不相同。例如,贷款可以采取优惠贷款或应急贷款的形式，而补助金和补贴可以是直接补助（如非偿还性捐款，所谓的"等额补助金"）或者间接补贴的形式（如人力资源培训基金）。至于如何提供和管理激励措施，有两种截然不同的方式。一种是先来先得的一站式服务：如果资金有限，最先提出的项目就最容易获得批准。另一种是公开招标，有提交项目评估和决定对何类项目提供资金的具体期限。

一些国家在科技发展方面取得了进步，它们的经验表明，为了缩小技术差距，有必要组合各类融资工具和各种信贷方式，也有必要同时使用直接/间接补贴和税收优惠。恰当的组合措施能为生产部门推行现代化提供支持，能为面临较多融资约束的企业（如中小企业）提供资金便利，还能促进"技术预见活动"所确立的优先部门的发展。

最优激励措施组合并不是唯一的。最适当的政策工具组合取决于国家的战略和技术优先安排、税收系统的特点[12]、财政状况、技术能力以及是否有投资银行等等因素。为了提高对创新活动支持的有效性，并满足不同的需要，必须结合各种政策工具。一种选择是优惠贷款，为项目提供低技术风险的融资，公司提供配套资金。另一种选择则是直接补贴（可能需要结合国家和私营部门的支持），为开发新产品、新加工工艺以及创建研发实验室等项目提供融资[13]。此外，还可以选择财政激励措施，例如，对购买研发实验所需设备的进口税和国内税进行减免，延迟纳税，或加速研发设备的折旧，从而促进私人对创新的投资。支持融资机制的进一步发展也很重要，如风险资本可以对创建以科技为本的公司提供一般性支持。

为了利用新机遇，技术的快速进步还要求设计和实施灵活的创新政策工具。如2003年，巴西为了向旨在改善微型和小型企业竞争力的项目提供融资便利，推出的BNDES银行卡（见专栏6.2）。

专栏6.2　BNDES卡，信贷可获性的扩大

BNDES 卡（Cartão BNDES）是由巴西经济和社会开发银行在 2003 年推出的产品。在国家资本监管下，它为微型、小型和中型企业提供总额高达 9000 万巴西雷亚尔（BRL）（约合 2009 年的 4 500 万美元）信贷支持，包含预先核准的循环信贷。

BNDES 卡旨在提供信贷便利，获得支持的市场部门通常在购买特定的产品和服务时，面临着融资困难或信贷准入限制。这些产品和服务必须事先到巴西经济和社会开发银行备案（备案产品的国有化指数至少为 60%）。目前，BNDES 卡的融资面向超过 12.5 万种备案产品和服务，具体分类如下：

· 机械及设备
· 医疗、牙科及医院设备
· 各类汽车
· 重型交通运输和货运设备及类似设备
· 汽车零部件和轮胎
· 各产业部门的投入品（冶金、纺织、家具、皮革及鞋类、烘焙食品、塑料等）
· 信息和电信设备
· 自动化设备
· 技术和创新服务
· 软件
· 家具及配件

已获融资的项目包括许多支持技术现代化和促进创新与技术变革的商品和服务。购买上述商品和服务支持和加强了相关生产部门，并加强了与巴西企业之间的联系。

所融资金无论是用做营运资金还是购买商品，都执行优于市场利

率的优惠利率。除了优惠利率外，拥有预先核准的信用额度（使企业不必每步操作都经过信用分析）降低了持卡客户和金融机构自身金融交易的交易成本。

由于上述原因，BNDES 卡的数量和业务量已显著增加。2008 年，BNDES 卡成功地执行了 6.3 万次以上的交易，交易额相当于 9.34 亿雷亚尔（约合 2008 年的 4.67 亿美元），较 2007 年增长 60%。由此，BNDES 卡是承担微型、小型和中型企业在巴西开发银行业务量最大的卡种。

来源：巴西开发银行

部门创新议程的回归带来了新的创新资金机制，该机制为具体的生产部门分配创新资金。这方面的例子有巴西（见专栏6.3）、阿根廷和墨西哥的部门基金。该机制要求进行机构能力建设，迎合管理公私部门协作和机构政策选择的复杂性需求；还增加资源以及稳定的中长期资金来源。

专栏6.3　巴西的部门基金：融资和治理新模式的10年执行经验

治理结构和不同机构之间的衔接，对于决定政策的成功至关重要。这可以从巴西的部门基金计划中得到体现。该基金以创新与合作为重点，由来自科技部、各部委、监管机构、科学界和商界的成员组成督导委员会。督导委员会成员之间通过讨论和谈判，做出有关资源分配的关键性决策。部门基金旨在支持国家战略部门，其成功运行已得到公众的认可。部门基金被视为巴西近来在科技和创新领域（2009年研发投资水平达到 GDP 的 1.2% 左右）快速增长的主要原因之一。

巴西部门基金对科学技术和创新活动的支持建立在利益相关者之间的协调基础上，并使用部门的收入作为资金来源。它们确保有显著的回报，并促进所有的利益相关方（企业、大学、政府部门和研究机构）共同参与项目的规划和资金管理。

然而，部门基金也有内在缺陷，这也许可以解释为什么仍然存在低水平的资金分配拨款。在管理和经营领域，由于高度复杂性、指导委员会参与者众多以及潜在的利益重叠等因素，可能会引起协调上的问题，从而使得该领域成为部门基金相对薄弱的环节。

图6.5 巴西的部门资金：预算和执行，1999—2010年（百万雷亚尔）

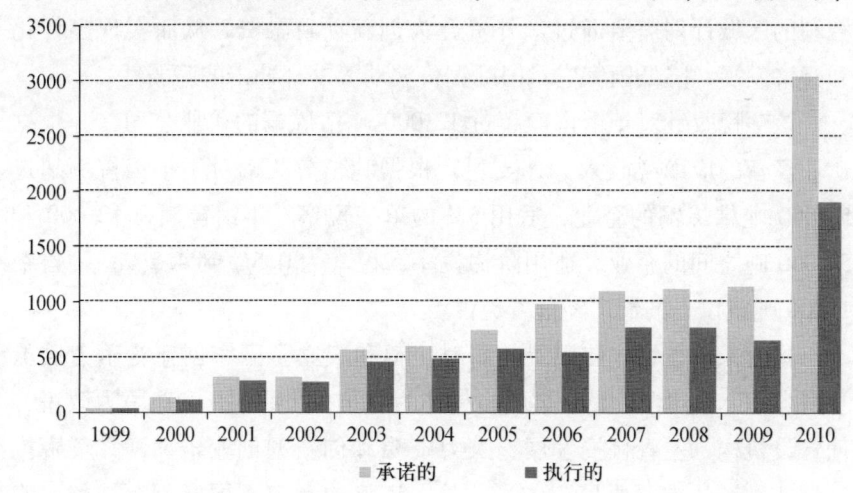

资料来源：ECLAC/SEGIB（2010）
统计链接：http://dx.doi.org/10.1787/888932523139

自2003年以来，由于原材料价格上涨（至少在南美），拉美国家走上经济持续增长的道路，贸易更具活力。这导致了盈余的产生。在正确的管理计划和强有力的政治保证下，盈余可以为促进多样化和创新政策提供大量资金，其前提是以政府间的高度协调来达成共识。就此而言，智利的采矿特许权使用费提供了有趣的范例，并且在拉美地区形成了共识。该案例中，通过设计政策工具，实现了收入增加，并推动了科技发展（专栏6.4）。

专栏6.4 智利的采矿特许权使用费：以自然资源收入为创新融资

2005年，智利颁布了管理矿业开采特许权使用费的法律（第20026号法）。这项立法设立了一项针对矿业开采的特别税，其实施理念是，智利的区域计划需要通过额外资金为创新项目融资，从而实现多样化和经济发展，降低国家应对国际铜价波动等外部冲击的脆弱性。

该项税收针对年销售额超过12 000吨精炼铜的矿业公司，并根据矿业经营的应纳税收入分期支付。根据吨位分类，对于年销售额超过50 000吨精炼铜的企业，适用5%的单一税率；年销售额在12 000和50 000吨之间的企业，适用阶梯税率，税率为0.5%到4.5%；销售在12000吨或以下的铜矿经营者免税。

推行采矿特许权使用费的同时，智利成立了国家创新竞争力委员会（CNIC）。这个公私一体的机构作为总统在公共创新和竞争力政策方面常设机构，主管科技发展、人力资源和创新型创业培训，并负责推动这些领域的重要项目实施。此外，该机构制定了国家创新战略，确定了通过矿业开采特许权使用费来融资的行动主线。

国家竞争力创新基金（FIC）收取矿业开采特许权使用费是，并为科技提升、人力资本形成以及商业、文化、体制结构、基础设施和区域方面的创新提供资金。国家竞争力创新基金作为行政部门的融资主体，通过预算支持国家和区域创新政策的实施。这些政策的目的是加强国家和区域创新体系，并为国家行动提供透明、灵活和有竞争力的战略指导。

国家竞争力创新基金的创建使得智利在创新方面的预算显著增加。然而，正如新基金在早期阶段经常发生的情况一样，该基金的预算执行额较低。而该基金运作的法律草案还在立法程序之中，这就很难将该资源变成一个永久性的创新资金来源。管理此类基金的难点在于达成

第六章 完善创新与生产发展机制

各区域政府之间的共识,比如,利用生产自然资源的采矿特许权使用费,对矿业开采的社区进行补偿。在各级政府之间形成适当的对话机制,是将此类基金作为提高竞争力的额外资金来源的关键。

来源:国家创新竞争力委员会(CNIC)(智利)

ª OECD(2010b).

鉴于创新和技术变革的复杂性,仅仅设计资金支持的机制还不够,还需要鼓励投资上的合作,并促进知识在生产系统的流动和应用。

创新的动力不仅取决于个别企业、研究中心和大学的努力,还有它们之间的相互作用,以及为创新创造条件和激励机制的系统能力。在这种情况下,公共政策在支持科技发展和创新方面发挥了决定性的作用;当生产专业化面向低技术含量的自然资源或劳动密集型部门时,更是如此[14]。

建立支持技术转让的机制是非常必要的。该机制不仅有助于辨识机构间联系的重要性,还能便利技术转让,并有利于促进机构间建立各类关系。大学和企业之间互动的形式、强度以及渠道是多种多样的,主要取决于各国的体制结构。具体而言,利用不同渠道进行知识转移取决于多种因素,如:(1)各产业部门的特殊性;(2)区域位置;(3)所涉及学科的发展轨迹;(4)合同期限;(5)大学(即教职人员、研究小组或技术转让办公室)达成协议的机构灵活性,须考虑通过激励手段和渠道为研究获得可供选择的来源。合作建立在信任、互动和学习创新的基础上,有利于为不同学科和组织创造社会资本。

表6.2描述了大学和企业之间互动的渠道。除了支持制定更好的新政策工具外,重要的是,要提高机构能力以评估激励措施和发展计划。须考虑如下因素:管理成本低;灵活性(应对不断变化的环境条件的能力);影响力(激励手段应该产生外部性,如支持创新的相关行动模式);透明度(通过公共招标、协助项目的规划等);额外因素(激励手段必须扩大私人投资,而不是取代企业自有融资)。与此同时,在制定、管理和监督资金和激励措施时,有必要考虑便于各机构开展合作的现有激励。这往往决定了实施某项特定政策工具的成败。

表6.2 技术转移：拉美地区的渠道、关系类别和经验

相互关系的类型	知识转移的渠道	政策工具	拉美地区的经验
人力资源流动	实习、学生培训、聘用毕业生	人力资源培训企业获得使其产生竞争优势的技能型人力资源	·英特尔和哥斯达黎加大学（哥斯达黎加） ·科技发展基金（FONDEF）（智利） ·创新科技基金（FINCyT）（秘鲁）
专业人士之间的非正式接触	专业网络、信息交换	技术和专业培训创新展览会及奖品	·伊顿卡车公司和金边大学（巴西） ·创新博览会（在巴西利亚州、秘鲁等） ·设计博览会（圣保罗、布宜诺斯艾利斯）
知识交流和传播活动	活动、研讨会、会议、出版物和合作出版物	传播科学技术知识的基金	·有各种机构参与的有关生物科技的科学和企业会议（墨西哥）
服务	咨询服务、技术援助、利用团队	大学融资来源多元化 发展和更新应用科技研究人员和企业的能力（设备的使用） 公司具体问题的解决方案	·共和国大学（UDELAR）提供技术服务和乌拉圭技术实验室（LATU） ·国家工业技术研究所（INTI）（阿根廷） ·国家工业知识服务（SENAI）、巴西企业家和小型企业支援服务（SEBRAE）（巴西）
共同项目	在研发方面的合作、研究承包、研究人员交换、正式的工作网络、科技园区	创新财团融资风险资本对研究网络的支持	·哥斯达黎加大学材料和结构模型国家重点实验室和公共工程和运输部（哥斯达黎加） ·IT区，布宜诺斯艾利斯（阿根廷） ·智利大学Caren科技园（智利） ·帕拉伊巴（PaqTcPB）基金会技术园（巴西）

第六章 完善创新与生产发展机制

续表

相互关系的类型	知识转移的渠道	政策工具	拉美地区的经验
许可	技术转让办公室（TTOs）	支持许可和技术传播 企业指导服务以更新应用科技研究人员的能力（设备的使用） 协调企业和大学培训的专业需求的平台	·坎皮纳斯大学的INOVA创新机构（巴西） ·蒙特雷理工大学（墨西哥）
技术型企业	通过基础或应用研究创建公司进行知识转换	分拆、孵化器、公司-大学"混合"参与者	·AMI-TEC与麦德林大学（哥伦比亚） ·阿根廷生物技术公司（阿根廷）

来源：Primi 和 Rovira（2011b）

加强创新政策的管理能力

在如何制定和实施创新政策方面，拉美国家正在进步。它们面临的主要挑战之一是要加强政策的执行能力。经验表明，不仅有必要制定一个好的政策，也需要投资建设各级政府管理和实施计划的能力；在推出新的公共政策措施时，尤为如此。

拉美国家所面临的挑战包括：纠正协调失败，减少政策重叠，加强跨期一致性并发展健全的生产发展和创新政策的决策结构，加强政策的管理和评估能力。所有这一切都需要高度熟练和经验丰富的决策者。

在这方面，拉美国家取得了三方面进展。

（一）为了便于计划实施和政策工具管理，拉美地区正在投资管理能力建设。

建立生产发展和创新所需的政策设计、实施与评估的机构并加强其内部能力。这是一个不断摸索的过程，需要时间、资源和长远的眼光。具体而言，为了创建生产率更高的创新体系而出台的政策工具，其执行成败在很大程度上取决于负责制定和管理政策的机构能力。

拉美国家在促进技术型专家的培训和专业化方面付诸很大努力。这些专家在发展和应用科技和开展创新方面经验丰富，他们能够设计新的政策工具，并能通过设计新的工具监督现有措施的实施。在地方政府层面上，国家产业政策代理商网络（RENAPI）是机构建设的典范，它促进了巴西区域产业政策的培养。RENAPI是由产业发展组织巴西代表处（ABDI）创立的，由负责产业政策的专家和官员组成，其目的是促进生产发展政策的区域化。该网络为全国各地负责产业政策和研发的官员的培训提供支持，为参与者之间对话提供帮助。

另一个例子是由联合国拉美经委会（ECLAC）在2008年建立的科技和创新决策者学校，它得到了德国合作机构以及拉美各国负责科技和创新的政府部门与机构的支持。其主要目标是培养开发、监督、评估和实施科技和创新政策的专业人士，这种方式将有助于加强地区各国在相关领域的知识和经验交换，有利于加强国家间关系，推动各国对联合活动的认同[15]。

（二）为了应对共同挑战，实现政策学习方面的共同进步，拉美国家正在推进创建政策讨论的地区空间。

巩固区域政策对话机制，能够满足推动政策学习以及提高地区在全球经济中的地位的需要；同时也是决策者面对越来越大的压力所做出的反应。在公共决策存在预算约束及决策透明的环境下，决策者必须展示其政策措施的有效性和效率。事实上，同行间交流和定期评估政策实践与激励措施，有利于提高决策的可靠性。

拉美有着开展科技合作的地区经验。但是，该地区仍需要创建永久性的机构机制，以支持政策的合作及对话，并确保其可行性。该地区各国之间的能力和特点具有多样性和互补性，形成了联合研究和培训合作方面的优势。此外，由于可供科研所用的人力和财力资源有限，为了增强国家间协作，克服国界障碍，就需要为科学合作创建有效机制。

拉美地区开展了大量创新合作计划和政策对话，但各国间缺乏协调，有望从协作中中获益。拉美展开了多种形式的科技和创新协作。就政策对话而言，至少存在三个具有互补性的合作层面：

第六章　完善创新与生产发展机制

——部级层面（或最高当局），为国际合作制定战略方针。

——技术咨询层面，涉及最高权力机构的高级顾问会议，一般以政策"战术"相关对话为重点，如为科技和创新设计机制和激励措施。

——政策实施层面，是指项目和政策工具的管理者之间的对话，旨在交流政策实施阶段的做法和经验。

（三）在衡量创新以及加强政策分析和监督的战略情报能力方面，拉美地区取得了一定进步。

拉美各国在推进和实现创新政策的决策机构现代化过程中，侧重三大领域：

（1）决策指标体系的生成：部分国家投资创建了相关机构，旨在从国家部委或国家创新秘书处等机构内收集和传播创新指标。这一进展得益于各部委信息系统的大规模现代化和科技主管机构的支持，提高了数据的透明度和可获性。阿根廷和巴西等大国以及哥斯达黎加和巴拿马等小国都在相关领域取得进展。

（2）创新调查：拉美正在巩固其在创新调查的发展经验[16]。与 OECD 的情况相似，在加深了解企业的创新行为、评估创新投资的障碍及确定公共政策的影响方面，创新调查是非常有用的工具。然而，与 OECD 不同的是，拉美地区的创新调查的可比性有待加强。相关过程需要时间、机构建设投资以及决策者、专家和统计机构之间的交流。不同调查之间的比较并不简单，需要认真努力去调和[17]。

拉美各国采取不同的调查模式（巴西、智利和墨西哥遵循奥斯陆手册，而阿根廷、哥伦比亚和乌拉圭则依据波哥大手册），使这个问题更为复杂。调查是拉美地区的新生现象，仅有少数几国定期发起调查，并将其用作政策反馈[18]。发起调查的各国之间的可比性仍然偏低。具体而言，阿根廷、巴西、智利、哥伦比亚和乌拉圭定期进行调查，而墨西哥只是偶尔才进行，哥斯达黎加、巴拿马、秘鲁和委内瑞拉仅仅是共同进行。

（3）创建和/或强化数据分析和决策机构。为了辅助决策生产，在数据分析能力建设方面进行投资是非常重要的，也有必要为利用数据分析来评估和重新设计公共政策创建激励机制。与 OECD 经济体不同的是，拉美国家仍处于政策分析机制创建的初级阶段。在这方面进步最大的国家是巴西，应用经济研究所（IPEA，隶属于总统战略事务秘书处）和研究与管理战略中心（CGEE，隶属于科学技术部）负责对公共政策的实施及其效果进行分析和反馈。

完善治理，提高政策效率

总之，在过去十年中，生产发展和创新计划为拉美国家注入新的动力。如今，创新在该地区几乎所有国家的发展计划中都处于核心地位，尽管其重要性往往体现在辩论和演讲中，而不是通过提高预算分配水平得以反应。

在当前全球和区域经济发展环境中，愈来愈有必要出台具有中期影响的创新政策，以期推动经济增长，提升全球市场竞争力，创造更多更好的就业岗位，从而加强国内市场能力。

创新带来的新的利益给政府带来新的压力，迫使其去发展和实施更有效的创新战略来调动企业界；而在全球市场动荡不稳定的情况下，更是如此。此外，面临严格预算限制的国家需要建立更有效、更透明的公共管理系统，支持创新活动；那些因自然资源价格上涨带动出口增长、从而正享有高增长的国家，也当如此。

分析拉美的生产发展与创新，可以看到，该地区需要在以下四个方面加以改进：

（1）加大投资以缩小生产力差距。
（2）提高科技和研发活动投资。
（3）增加私营部门对创新和生产发展活动的参与。
（4）降低技能型人力资源的供需不匹配。

这需要公共政策治理采取新模式，从而能够制定明确的行动方向，促进在创新投资领域的共识；还需要强化机构，完善公共政策模型，以使其足以动员国家创新体系和各级政府中的不同利益相关者。由于拉美的生产集中于低知识密集型部门，存在高不确定性和信贷障碍，上述改进措施对

第六章 完善创新与生产发展机制

于地区各国尤为重要。由此,公共政策发挥了决定性的作用,能够促进科技投资,推动以高附加值和创新为基础的竞争力提升。

近年来,拉美国家在政策学习方面取得了长足的进步,在创新政策领域发起重要改革。各国在机构和治理模式上仍存在较大差异,但也具备如下共同趋势。

进步表现为:强化创新体制框架(阿根廷、智利和乌拉圭);建立和巩固新的创新筹资模式(巴西、智利、哥伦比亚和墨西哥);加强创新支持与发展中的战略性生产部门之间的协同(阿根廷、巴西、智利、墨西哥、巴拿马和乌拉圭);日益关注创新战略的领土影响,尤其是在相对较大的国家(阿根廷、巴西和哥伦比亚);完善机构能力,用以衡量和评估创新动力和公共政策影响(阿根廷和巴西)。

政府部门要克服其在创新及支持生产和技术开发能力方面的结构性缺陷,需要完善治理模式,从而能够协调行动,并且在各个项目和各级政府之间形成协同效果。为此,拉美国家必须采取以下措施:

——通过机构建设,明确各部门和价值链的发展计划,从而巩固创新战略和生产发展之间的协同性。为此,需要通过治理机制来促进经济和财政、贸易、工业与创新相关政府部门之间的对话。还需要确立部门筹资机制,并且确保优先制定的国家创新体系(大学、企业和民间团体)内的所有利益相关者的参与。创新政策也必须同支持生产发展的政策相一致,以确保行动产生更大的效力和影响力。

——加强发展创新战略的能力。各国必须加强垂直协调(各级政府之间)并优先考虑横向协调(负责不同创新领域的各个部委之间,如工业、农业、卫生、教育和基础设施等)。还必须有更多的私营部门参与创新。

——通过跨年度计划,提高资源分配能力,以促进中长期项目的投资,并增加金融和企业部门对创新的参与。这就要求对公共管理的战略情报进行投资,并创造对话的空间,以此建立信任机制,增加国家在相关领域的监管能力。

——向以结果为导向的政策模式发展,制定以产出(更多更好的就业机会和更强的竞争力)为目标的政策,并考虑将投入(例如研发支出和人力资源培训等）作为实现战略目标的手段。

——强化衡量创新的能力。有必要投资建立政策设计和实施之间的制度性空间和反馈机制，用以提升决策者制定和实施更复杂新措施的能力。重要的是，需要对创新指标的生成进行投资，并为利用信息进行政策评估建立激励措施。

——对负责管理创新和生产发展政策的人力资源培训进行投资，并促进区域对话，以交流经验，形成更多有关创新政策设计和实施的知识。拉美面临着创新挑战，各国应根据其特定的生产、历史和文化特色，制定自身发展议程。但是，也有必要出台地区性议程，以便在知识和生产的某些领域达到临界值，使其成功融入竞争日益激烈且充满活力的全球经济当中。

第六章 完善创新与生产发展机制

注　释

1. OECD（1997）；ECLAC（2004）
2. ECLAC（2010a）
3. ECLAC（2010a）
4. ECLAC（2008）
5. ECLAC（2010a）
6. 2008 年数据为所用数据库提供的最近年份数据。基于联合国商品贸易统计数据库。(COMTRADE) [http://comtrade.un.org]
7. Primi 和 Rovira（2011a）
8. López 和 Orliki（2006）
9. 根据国家专利局数据，拉美和加勒比国家大约 90% 专利申请人是外国人。而在发达国家，本国居民在专利申请方面最活跃。(ECLAC, 2010b)
10. ECLAC（2004）
11. 巴西案例，巴西农业研究公司终止农业扩展中心产生的影响表明，部分合理化措施也能产生负面效应。
12. 例如，在财政压力较小且无法预见研发活动的税收减免的情况下，直接补贴可以作为一个选择。
13. 此类激励的另一个明显特点是，它可以用来将政策水平化和目标化，并鼓励企业和公共研发机构之间开展合作。
14. ECLAC（2004）；Cimoli, Ferraz and Primi（2005）
15. 具体而言，学校的交流气氛促进了双边或多边技术合作的建议和项目的发展，其中涉及到各类机构。
16. Cimoli, Primi 和 Rovira（2011）
17. OECD（2009b）
18. Primi 和 Rovira（2011a）

参考文献

[1] Cimoli, M, J. C. Ferraz and A. Primi (2005), Science and Technology Policy in Open Economies: The Case of Latin America and the Caribbean, Production Development, No. 165 (LC/L. 2404), ECLAC (CEPAL), Santiago, Chile.

[2] Cimoli, M., A. Primi and S. Rovira (forthcoming), "National Innovation Surveys in Latin America: Empirical Evidence and Policy Implications on Cooperation and Innovation", in R&D Cooperation in Latin American Innovation Strategies: Empirical Evidence and Policy Implications from National Innovation Surveys, ECLAC (CEPAL) – IDRC.

[3] ECLAC (Economic Commission for Latin America and the Caribbean) (ECLAC) (CEPAL) (2004), Production Development in Open Economies, ECLAC, Santiago, Chile.

[4] ECLAC (CEPAL) (2008), Productive Transformation 20 Years after, ECLAC, Santiago, Chile.

[5] ECLAC (CEPAL) (2010a), Time for Equality: Closing Gaps, Opening Trails, ECLAC, Santiago, Chile.

[6] ECLAC (CEPAL) (2010b), Science and Technology in the Latin American Pacific Basin: Opportunity for Innovation and Competition, ECLAC, Santiago, Chile.

[7] ECLAC (CEPAL) /SEGIB (Secretaría General Iberoamericana) (2010), Espacios iberoamericanos. Universidad y empresa: vínculos entre universidad y empresas para el desarrollo tecnológico, ECLAC, Santiago, Chile.

[8] López, A. and E. Orliki (2006), Innovación y mecanismos de apropiabilidad en el sector privado en América Latina, ECLAC (CEPAL) – WIPO.

[9] OECD (Organisation for Economic Co-operation and Development) (1997), National Innovation Systems, OECD, Paris.

[10] OECD (2007), OECD Reviews of Innovation Policy: Chile, OECD, Paris.

[11] OECD (2009a), OECD Reviews of Innovation Policy: Mexico, OECD, Paris.

[12] OECD (2009b), Innovation in Firms: A Microeconomic Perspective, OECD, Paris.

[13] OECD (2010a), The OECD Innovation Strategy: Getting a Head Start on Tomorrow, OECD, Paris.

[14] OECD (2010b), Measuring Innovation: A New Perspective, OECD, Paris.

[15] OECD (2011), Hacia un mecanismo para el diálogo de políticas de innovación: oportunidades y desafíos para América Latina y el Caribe, OECD Development Centre, Paris.
[16] Primi, A. and S. Rovira (forthcoming, a), "Innovation and Cooperation in Latin America: Evidence from National Innovation Surveys in a Comparative Perspective", in id. R&D Cooperation in Latin American Innovation Strategies: Empirical Evidence and Policy Implications from National Innovation Surveys.
[17] Primi, A. and S. Rovira, (forthcoming, b), Nuevos mecanismos de financiamiento y de apoyo a la transferencia tecnológica en América Latina: una revisión crítica.
[18] Primi, A. (forthcoming), Science, Technology and Innovation Policies and Development: The Case of Latin America, UNU – Merit

译者后记

根据中国社会科学院拉丁美洲研究所与经济合作与发展组织发展中心达成的协议，自 2008 年起，由拉丁美洲研究所组织中文翻译、出版发展中心的年度报告《拉丁美洲经济展望》，并于每年初在拉美所举行的国际论坛上发布。为此，拉丁美洲研究所成立了专门的项目小组，由本人担任组长，负责协调该项目的策划、组织、执行和对外联络，包括国际论坛的组织工作。

《2012 年拉丁美洲经济展望》翻译小组由王文仙、赵丽红、刘波、姜涵、陈迎春和武小琦组成，具体分工如下：王文仙（序、致谢、概述）、赵丽红（第一章）、刘波（第二章）、姜涵（第三章）、陈迎春（第四章）、武小琦（第五和六章）。岳云霞博士对第四、第五、第六章进行了初校，吴国平根据原文对译文进行了最终统校。武小琦对全文进行了编排整理。

在本报告中文版的翻译和出版过程中，拉丁美洲研究所领导非常重视，并多次开会进行专项研究；拉美所科研处的全体同志也给与了大力支持，承担了相当一部分的外联工作；当代世界出版社的编辑和排版公司的技术人员也为本书的按时出版付出了辛勤的劳动。本人在此对他们表示衷心的感谢。

吴国平

2012 年 2 月 18 日